THREAD

만드는 사람

CEO 이연대
특징
메타세쿼이아 나무지만
출근 시엔 씨앗으로 몸을 숨김

Director 신아람
특징
위급할 때 직각표기에서 빛이 남

Senior Editor 이현구
특징
집과 헬스장과 회사를 잇는
땅굴 보유 중

Editor 이다혜
특징
어헤! 라고 외치면
반경 1km까지 들림

Editor 김혜림
특징
고민할 때 수염을 쓰다듬지만
수염이 없음

Editor 정원진
특징
수년 전 귀로 날 수 있는 방법을
터득했지만 비밀을 숨기고 있다

Lead Designer 김지연
특징
백화점 화장실을 좋아함

Designer 권순문
특징
술을 마시면 끝까지 가는 타입
(주량: 와인 한 잔)

Operating Mgr 조영난
특징
늘 먹고 있지만 늘 배고파함

Community Mgr 홍성주
특징
가시로 오해 받지만 사실은 털

《스레드》는 북저널리즘 팀이
만드는 종이 뉴스 잡지입니다.
이달에 꼭 알아야 할 비즈니스,
라이프스타일, 글로벌 이슈의
맥락을 해설합니다.

THREAD ISSUE 2. UNREAL

발행일 2022년 7월 1일
등록번호 서울중, 라00778
발행처 ㈜스리체어스
주소 서울시 중구 한강대로 416 13층
홈페이지 www.bookjournalism.com
전화 02 396 6266
이메일 thread@bookjournalism.com

THREAD

목차

 《스레드》 2호에 오신 여러분 환영합니다. 이번 호에는 어떤 이야기들이 우리를 기다리고 있을까요?

 ↳ 이번 호의 커버 일러스트는 AR 쇼핑을 경험하고 있는 사람을 그렸어요. 이제 AR은 핸드폰으로도 경험할 수 있는 친근한 기술이잖아요. 근미래에 더 극적으로 시장에 적용될 모습을 상상해 보았어요.

독자 여러분, 이번 생은 잘 살고 계신지요. 혹시 발 딛고 있는 지금의 현실 말고 다른 세상을 꿈꿔보신 일이 있진 않으세요? 어쩌면 인류는 상상력을 사용할 수 있게 된 바로 그 순간부터 real이 아닌, unreal을 그리는 숙명 속에 갇힌 것인지도 모르겠습니다. 그리고 지금 우리는 기술을 통해 역사상 그 어느 때보다 생생한 unreal을 경험하고 있죠. 그러나 이세계(異世界)는 언제나 지금 이 세계로부터 태어나기 마련입니다. 현실 바깥이 비춰내고 있는 현실을 '이달의 이야기'에서 함께 들여다봐요.

 ↳ 이세계는 동양, 서양 가릴 것 없이 작품의 소재가 됐던 것 같아요.
 ↳ 이제 unreal과 real의 경계가 옅어지고 있어요. 산업으로 들어온 가상, 현실에 침입한 현실 바깥과 관련한 이야기를 《스레드》 2호에 담았어요.

'포캐스트' 챕터에선 쇼트폼 일곱 편을 만날 수 있어요. 바쁜 독자들을 위해 이달에 꼭 알아야 할 이슈만 선별했어요. 단순한 사실 전달을 넘어 새로운 관점과 해석을 제시합니다. 쇼트폼엔 어떤 주제가 실렸을까요? 순서대로 소개해 드릴게요.

 ### 증강 쇼핑 _ 24p
한때 전 세계를 달렸던 게임 '포켓몬 고', 핵심은 증강 현실(AR)이었습니다. 이 AR이 이젠 쇼핑 시장에 전격 진입 중입니다! 대표적으로 인테리어 플랫폼 '오늘의집'이 있습니다. 카메라로 우리 집을 찍으면 그 위치의 크기와 감성에 맞는 가구를 추천받는 시스템을 도입한다고 해요. 최근 '휠라'에선 카메라로 내 발을 비추면 휠라 운동화가 신겨진 사진이 찍힌다고 합니다. 약간 소름이지만요^^; 논란도 가능성도 많은 AR은 쇼핑 문화를 어떻게 바꿔놓을까요?

 ↳ IT시장의 둔화에 AR이 새로운 바람을 불어 넣을 수 있을까요?
 ↳ 요즘은 가구를 살 때도 AR로 먼저 새로운 방을 구상할 수 있어요.

 ### 가상인간은 메시지다 _ 30p
요즘 옷을 사러 '무신사' 어플에 들어갔다가 화들짝 놀랐던 일이 있었어요! 바로 무신사의 새로운 뮤즈 '무아인' 때문인데요. 이름도 재미난 이 무아인은 배우 유아인과 똑같은 모습이에요. 다만 언제, 어디서든 모습을 비칠 수 있죠. 사이버 가수 아담의 실험을 기억하는 분들도 많으실 텐데요, 이제는 가상인간이 실험이 아닌 산업이 되었답니다!

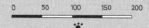

↳ 이제는 단순히 '가상인간'인 것만으로는 승부할 수 없어요.

↳ 인간과 가상인간을 구별할 수 없는 미래가 상상돼요! 저만 무섭나요?

깐부OS v.1.0 _ 38p

AI로 한 쪽에서는 가상인간을 만들고, 또 다른 한 쪽에서는 대화형 챗봇을 만들고 있어요. 사회가 외로워진 탓일까요? 이제 사람들은 언제나 편하게 대화할 수 있는 챗봇을 바라고 있어요. 마음 놓고 있을 수만은 없죠. 왜 사람들은 대화형 챗봇을 바라는지, 또 대화형 챗봇은 현재 어디까지 발전했는지 알아봤어요. '이루다'의 혐오 표현을 넘어온 지금, 친구가 된 챗봇은 어떤 미래를 그리고 있을까요?

 ↳ 인공지능은 인간 사회의 모습을 학습하고, 발전해요. 결국 인공지능이 아닌 인간이 중요한 까닭이에요.

기적의 치료제 _ 46p

저는 어제 너무 스트레스를 받아서 머리가 지끈거리던 차에 평소엔 잘 하지 않던 게임을 했어요. 묘하게 기분이 좋아지고 두통이 낫더라고요. 그래서 생각했어요. 게임이 치료제면 어떨까? 제가 준비한 이야기는 디지털 치료제에 관한 내용이에요. 요즘 디지털 치료제 논의가 정말 뜨거운데요, 여러 기업이 국내 1호 디지털 치료제가 되려고 열심히 임상 중이에요. 앱을 사용하는 것만으로 인지 행동 장애나 치매가 치료된다니, 정말 기대되죠? 뒤에서 만나요!

 ↳ 여러분은 어떤 게임을 즐기시나요?

↳ 디지털 치료제로 경증 치매와 인지 장애를 막을 수 있다면
　　너무 좋을 것 같아요. 하지만 분명 조심해야 하는 것도 있겠죠?

새로운 게임으로 번지 점프 _ 54p

게임이 치료제가 된 세상을 그려봤다면, 지금 게임 업계의 움직임으로
넘어가 볼까요? 최근 미국에서는 총기 테러 사건이 빈번하게 일어나고
있어요. 소니의 자회사인 게임 제작사 '번지'가 이 테러 사고에 대한
목소리를 냈어요. 지금 게임 업계에서는 노조가 설립되는 등 다양한
정치적 움직임이 일어나고 있어요. 게임 업계가 정치적 목소리를 내는
이유는 무엇일까요? 이 작은 목소리들이 모여 세상을 변화시킬 수
있을까요?

　↳ 게임 산업은 큰 성장 가능성을 갖고 있어요. 미래의 거인이
　　이렇게 움직이는 이유에 올바름에 대한 지지만 있을 것
　　같지는 않아요.

　↳ 지금 소비자는 자신이 지지하고 싶은 것을 소비해요.
　　그래도, 언제나 게임은 재미있어야 하잖아요?

언니를 만나도, 고민은 계속된다 _ 62p

성형은 미용일까요, 의료일까요? 성형 시술 정보 플랫폼 '강남언니'가 병원
측에 환자들을 중개해 주다가 벌금을 물었다고 해요. 복잡다단한 성형
수술의 세계, 병원들은 왜 이렇게 광고를 많이 하고 믿을 만한 후기는 왜
이렇게 찾기 어려운 걸까요? 여기서 플랫폼은 어떤 순기능을 해줄 수
있을까요? 논란의 중심에 선 '성형＋플랫폼'의 미래를 전망해 봅니다.

🐵 ↳ 얼마 전에는 법률 플랫폼 '로톡'을 막기 위해 대한변협이
직접 '나의 변호사'라는 플랫폼을 론칭하기도 했어요.
전문직과 플랫폼 사이의 갈등이 더 커지고 있어요.

🐷 ↳ 성형은 전문직과 플랫폼의 갈등뿐 아니라 미용과 의료
사이의 경계에도 놓여 있어요. 이 복잡한 뒤엉킴 속에서
소비자와 플랫폼은 무엇을 선택할까요?

스트리밍 세대를 위한 소설 _ 70p

방구석 예술가는 옛말입니다. 국내 유명 소설가들이 대형 소속사에
편입되고 있습니다. 김영하, 김초엽, 박상영 등의 작가들이 소속된
블러썸크리에이티브가 대표적인데요. 최근에는 CJ E&M과의 IP 계약을
체결해, 소설의 기획 단계에서부터 영상화를 논의합니다. 여러분은 어떤
작가의 소설을 가장 먼저 영화로 만나보고 싶나요? 스트리밍 세대는
어떻게 소설을 소비하고, 이에 따라 소설 작법은 어떤 변화를 보이고
있나요?

🏆 ↳ 소설가들이 회사에 소속돼 있다는 걸 처음 알았어요! 이게 소설
작법에도 변화를 불러올 수 있다니!

🐱 ↳ OTT 시장이 과열되면서 양질의 IP 확보가 필요해요. CJ
E&M의 선택도 같은 맥락일 것 같아요!

😐 이어지는 '톡스' 코너에서는 사물을 다르게 보고, 다르게 생각하고, 세상에
없던 것을 만들어 내는 사람들의 이야기를 담아요. 《스레드》 2호에서는
맥파이 브루잉 컴퍼니를 만나봤어요.

무엇이 진짜 크래프트인가 _ 79p

여러분, 맥주 좋아하시나요? 무더운 여름날 시원한 생맥주 한입 들이키면 크...ㅠㅠ 크래프트 맥주 열풍 속에서, 맥주 자체의 가치를 지조 있게 고민하는 브루어리를 만나 봤어요! 다양한 아티스트와 협업을 시도하고, 이태원 경리단길을 맥주로 연결하며 지역 커뮤니티를 형성하는 맥파이 브루잉 컴퍼니(Magpie Brewing Company)입니다. 10년째 '맥주'가 아닌 '좋은 맥주'를 고민하는 맥파이만의 이야기를 들으러 가보실까요?

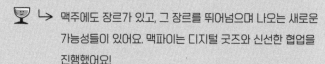

맥주에도 장르가 있고, 그 장르를 뛰어넘으며 나오는 새로운 가능성들이 있어요. 맥파이는 디지털 굿즈와 신선한 협업을 진행했어요!

맥파이 브루잉 컴퍼니는 맥주 중심의 커뮤니티 공간을 지향해요. 좋은 맥주는 커뮤니티에서 나온다! 맥주를 좋아하지 않아도 인사이트가 넘치는 인터뷰였어요.

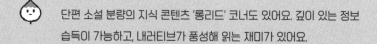

단편 소설 분량의 지식 콘텐츠 '롱리드' 코너도 있어요. 깊이 있는 정보 습득이 가능하고, 내러티브가 풍성해 읽는 재미가 있어요.

그 공포를 설명할 방법이 없다 _ 93p

이번 롱리드에선 세계적인 작가이자 영화 감독인 에마뉘엘 카레르의 정신 질환 투병기를 소개해요. 예순이 다 된 나이에 갑자기 찾아온 양극성 장애를 이겨낸 카레르. 자신의 병을 깨닫는 순간부터 치료의 과정까지 그는 많은 것을 잃어버렸는데요, 사람의 몸이 병드는 것처럼 마음도 당연히 병들 수 있음을 우리는 잊어버리진 않았는지요. 에마뉘엘 카레르가 영국 《가디언》에 기고한 〈그 공포를 설명할 방법이 없다〉를 소개합니다.

🐵 ↳ 한국 사회에서 정신 질환은 자극적인 소재로만 다뤄지는
경우가 많아요. 에마뉘엘 카레르의 담담한 이야기를 듣고 많은
생각을 할 수 있었어요.

🔺 ↳ 마지막 파트인 '한 줌의 소금이 부족해서'를 읽고 "삶이 기나긴
악몽은 아니었다"는 말이 와 닿았어요. 우리는 가끔 어떤 삶이든
다양한 모습을 갖출 수 있다는 걸 잊는 것 같아요.

💧 《스레드》 2호에서는 지금까지 소개해 드린 열 가지 이야기를 담았어요.
그럼 이제부터 《스레드》를 시작해 볼까요?

🏆 ↳ 언리얼의 시대, 미래는 어떤 모습일지 궁금하다면 페이지를
넘겨 보아요!

🐘 ↳ 지하철에서 《스레드》 2호를 꺼내는 제 모습이 벌써 보이네요.

이달의 이야기에선 한 가지 주제를 깊이 다뤄요.
단순한 사실 전달을 넘어 새로운 관점과 해석을 제시해요.
함께 읽고 생각을 나눠요.

독자 여러분의 현생은 안녕하신가요? 혹시 이번 생 말고, 다른 생을
꿈꿔 보신 일 없으세요? 인간이라면 누구나 이세계(異世界)를 꿈꾸기
마련입니다. 그 욕망은 지금, 너무나 구체적인 현실로 다가와 있죠.
인류가 만들어낸 unreal의 세계는 과연 희망을 이야기하고 있을까요?
이번 달,《스레드》가 다양한 unreal의 얼굴을 이야기합니다.

___ 신아람 에디터

안녕하세요. 북저널리즘 신아람 디렉터입니다.

"마침내 내 혼은 폭발하여, 슬기롭게도 나에게 외친다. 어디라도 괜찮다! 어디라도 괜찮다! 이 세상 밖이기만 하다면!"

50편으로 구성된 보들레르의 산문시집《파리의 우울》의 48번째 산문시〈이 세상 밖이라면 어디라도〉의 한 구절입니다. '현대의 우울' 그 자체라고도 할 수 있을 시인이었기 때문에 이런 문장을 쓸 수 있었다고 생각하지는 않습니다. 인간이라면 누구라도 이세계(異世界)를 꿈꾸기 마련이니까요. 그저, 그 욕망을 숨김없이, 흥분을 담아 노골적으로 적어 내려갈 수 있었던 것이야말로, 시인의 재능이 아니었을까요.

인간은 어째서 늘, 현실을 부정하고 싶어 하는 것일까요? 어째서 이 세상 밖으로 뛰쳐나가고 싶어 하는 것일까요? 지구 밖으로 벗어난다고 하더라도 기다리고 있는 것은 인공지능과의 사투일 뿐이며 (스탠리 큐브릭(1968),〈2001 스페이스 오디세이〉), 어른들은 볼 수도 없는 또 다른 세계란 어차피 하수구를 크게 벌리고 어린아이들을 사로잡을 준비를 마친 악의 덩어리일 뿐인데 말이죠 (스티븐 킹(1986),《그것》).

그러나 지금의 우리는 이미, 그 어느 때보다 현실적인 'unreal'의 세계를 경험하고 있습니다. 김혜림 에디터의〈가상인간은 메시지다〉가 짚어낸 것처럼, 가상 현실을 현실의 미디어로 사용하고 있는 시대니까요. 또, 이현구 선임 에디터의〈기적의 치료제〉가 전망한 바와 같이, 가상의 경험으로 현실의 병을 치료할 가능성 또한 더 이상 미래의 이야기가 아니죠. 가상의 세계는 벌써 현실의 영역입니다.

메타버스의 힘을 증명하는, 가상의류

흔히 초현실주의를 20세기의 산물이라고 생각하기 쉽습니다.
사진의 등장으로 'real'의 이미지를 질릴 정도로 향유할 수 있게
되었으며, '정신 분석학'이 무르익으면서 비정상적인 사고에의 탐닉이
시작되었다고 보는 겁니다. 그러나 이런 생각에 관해 이탈리아의
예술평론가 필리페 다베리오는 "얼토당토않은 소리"라고 일축합니다.
그 근거로 다베리오가 제시하는 이미지는 바로 네덜란드 출신의
15세기 화가, 히에로니무스 보쉬입니다. 경쾌하고 기괴한 상상력이
그려내는 천국과 지옥의 이미지는, 인간이 상상력의 힘으로 만들어낸
'unreal'의 세계를 시각적으로 경험할 수 있는 어떤 것으로 환원해
냅니다.

©그림: Hieronymus Bosch

그런데 가상의 이미지를 경험하는 방식이 확장하고 있습니다.
바로 '가상의류'입니다. 패션의 역사가 대개 그러하였듯, 이 분야를
주도하는 것은 명품 브랜드들입니다. '제페토', '로블록스' 등
메타버스에서 브랜드 네임을 새긴 상품을 적극적으로 판매하고

있습니다. 이를 구매한 소비자는 자신의 아바타에 명품 의류를
입힙니다. 특히 구찌가 적극적으로 나서고 있습니다. 메타버스 내에
'구찌 가든·빌라'를 열고 실제 구찌 상품을 본뜬 상품을 판매하고 있는
것입니다.

메타버스의 메타가 되고 싶은 '메타'도 합류했습니다. 지난달인
6월, 메타는 '아바타 스토어'를 열어 프라다, 발렌시아가, 톰브라운
등이 디자인한 아바타용 가상의류를 판매하기 시작했죠. 가격은 3~9
달러 수준으로 생각보다는 비싸지 않습니다. 그래도 아바타에 입힐
옷에 만 원을 쓴다는 생각은, 지금까지와는 분명 차원이 다른 이야기일
겁니다.

물론, 가상 현실의 아바타에게 옷을 사 입히는 것이 그리 새로운
이야기는 아닙니다. 게임 캐릭터에도, 심지어 싸이월드 미니미에도
우리는 옷을 입혀봤으니까요. 그러나 메타버스 속의 아바타는 다른
누구도 아닌, '나'라는 존재의 3D 현신입니다. 인형에게 옷을 입히는
감각이 아니라 내가 입을 옷을 구입하는 감각입니다. 이렇게 되면 가상
패션이야말로 명품을 원하지만, 그 가격을 감당하기 어려운 소비자의
욕망을 충족할 수 있는 최선의 방법이 됩니다. 로블록스 안에서
체류하는 동안에는 구찌의 '퀸 비 디오니소스' 가방을 든 내가 실제로
존재하게 되는 것이죠.

그런데 욕망의 대체재로서의 가상의류를 뛰어넘는 경험이
발생하고 있습니다. 메타버스 속 아바타가 아니라 나의 실제 사진에
가상의류를 합성하는 방식입니다. 불꽃이 튀는 신발이나 빛을 뿜어내는
드레스 등 현실에는 도저히 있을 수 없는 패션이 가능해집니다.
그야말로 우주의 섭리를 거슬러서까지 '나의 취향'을 완벽하게 실현할
수 있는 패션이 도래하는 것이죠.

이런 옷을 입은 사진 속의 '나'는 인스타그램이나 틱톡을 통해

타인의 시선을 누리게 됩니다. 그리고 늘어난 좋아요의 숫자만큼,
가상의 패션에 들인 돈이 보상받게 됩니다. 그런데 이 패션은 과연
가상일까요? 빛을 뿜어내는 드레스를 입은 SNS상의 '나'는 무한한
사람들에게 그 모습을 보여주고 있습니다. 타인이 볼 수 있는 나를
과연 상상 속의 이미지, 가상의 이미지라고 불러도 되는 것일까요?

©일러스트: 권순문

　　이미 가상의 공간에서 사교생활의 많은 부분이 이루어지고
있습니다. 연결의 감각도, 소속의 실감도 온라인을 통해 실현되고
있죠. SNS를 켜는 이유는 혼자가 아니라는 사실을 스스로 증명하고
싶기 때문입니다. 거점 오피스에서 슬랙을 통해 회의를 마치고 성과를
냈을 때야 말로 회사의 일원으로서 소속감을 느끼는 순간일 수도 있죠.
이미 가상공간은 현실을 대체하고 있습니다. 현실의 중요한 일부가
되어 가치를 점유하고 있습니다. 마치 빛과 중력의 법칙을 초월한 50
달러짜리 가상 드레스처럼 말이죠.

현실에는 없는 답, 암호화폐

지금 현실의 영역을 가장 '현실적으로' 침범하고 있는 '가상'을 꼽아보자면 바로 '암호화폐'일 겁니다. 하지만 모두가 그 침범을 반기고 있는 것은 아닙니다. 빌 게이츠는 대표적인 가상자산 부정론자입니다. 최근에도 "사람들이 더 높은 가격을 제시하기만 한다면 투자자들은 가치가 없거나 과대 평가된 자산으로 돈을 벌 수 있다"며 최근의 가상자산 트렌드에 관해 "더 큰 바보 이론(greater-fool-theory)에 바탕을 둔 것"이라고 일갈했습니다. 워렌 버핏도 마찬가지입니다. "암호화폐는 종말을 맞게 될 것이라고 거의 확신하고 있다"면서 암호화폐 투자는 도박에 가깝다고 주장해 왔죠.

세계적인 대부호들이 가상자산에 대해 이렇게까지 부정적인 데에는 이유가 있습니다. 바로 '믿을 수 없다'는 것입니다. 그럼에도 이 열기는 도저히 부정할 수 없는 흐름이 되었습니다. 이제, 이 흐름을 거스르려 한다면 너무나 많은 사람이 한꺼번에 절망의 늪으로 빠져들 수밖에 없습니다. 우리나라에서만 코인 투자에 뛰어든 인구가 6백만 명에 달한다는 사실은 이제 놀랍지도 않습니다.

저도 코인으로 8만원 손해 봤답니다 ㅠㅠ

그렇다면 왜 가상자산에 이렇게 많은 사람과 돈이 몰리는 것일까요? 잡지 《Triple Canopy》의 수석 편집자인 사라 레스닉은 《가디언》에 기고한 르포 〈카지노는 언제나 우리를 유혹한다〉에서 너무나 평범한 사람들이 가상자산의 세계에 뛰어들고 있음을 이야기합니다. 팬데믹으로 인해 직장에서 쫓겨난 사람들, 노인 가족 구성원을 돌보고 있는 사람들처럼 현실의 경제 체제 속에서는 도저히 정답을 찾을 수 없는 이들이 현실에는 존재하지 않는, 가상의 화폐

속에서 답을 찾고 있다는 것이죠. 그렇습니다. 현실을 인정하고 순응하기에는 너무나 가혹하기 때문에, 꿈꾸는 만큼의 인생은 아무리 노력하고 희생해도 손에 넣을 수 없다는 확신이 팽배한 시대이기 때문입니다. 그렇다면 모든 것을 걸고 모험에 뛰어드는 것 이외에 선택지는 없습니다. 믿어야만 하는 이유가 충분합니다.

　　그러나 최근의 '루나 사태'가 보여주듯, 가상자산의 세계는 아직 참과 거짓을 명확히 구분하기 힘든 면이 있습니다. 이를 이용하여 투자자를 기만하고자 한다면, 누군가는 얼마든지 그렇게 할 수 있다는 것을, 우리는 목격했습니다. 사실, 암호화폐의 가장 큰 특징이 바로 '탈중앙화'입니다. 정부나 기업같이 큰 힘을 독점하고 있는 미들맨을 없애고 구성원들의 다양한 의견을 받아들여 추구하는 바를 이루어 가겠다는 것이죠. 이상적입니다. 유토피아 같은 이야기죠. 그러나 아무리 기술이 완벽하다 하더라도, 구성원들의 의견을 세심하게 반영한, 가장 민주적인 방식으로 의사 결정을 한다 하더라도, 결국엔 다 사람이 하는 일입니다. 사람이 틀리면, 누군가 악한 마음을 먹으면 모든 것이 무너져 내릴 수밖에 없습니다.

©일러스트: 권순문

유토피아란 단어의 원래 의미는 '존재하지 않는 장소'입니다.

아마도 unreal의 세계를 상징하는 가장 고전적인 단어일 겁니다. 손으로 만질 수 없는 암호화폐처럼, 암호화폐가 꿈꾸는 이상향 또한 어쩌면 멀고 먼 상상 속의, 존재할 수 없는 이야기일지도 모르죠. 그리고 그 방증이 바로 '루나 사태'였을 수도 있겠습니다. 그럼에도 불구하고 여전히 사람이 하는 일이기 때문에 우리는 희망을 멈출 수 없을 겁니다. 상상력은 궁리하게 만들고, 궁리 끝에 나온 기술은 상상력을 더욱 자유롭게 합니다. 그 결과, 지금보다 더 나은 경제 시스템이란 가능한지, 전 세계가 실험할 수 있게 되었습니다. 이 실험의 결과는 성공일까요, 실패일까요? 그 또한, 사람에게 달렸습니다.

def unreal:

'unreal'을 향한 인류의 욕망은 어쩌면 'real'을 부정하고자 하는 욕망과 크게 다르지 않을지도 모릅니다. 그렇다면 그 어느 때보다 가상의 세계를 가깝게 경험할 수 있는 지금이야말로 현실로부터 가장 도피하고 싶은 시대일 겁니다. 반면, 이 욕망은 인간의 상상력을 무럭무럭 자라나게 하는 양분이 되기도 합니다. 상상력은 모든 것을 가능하게 하는 힘이죠.

어차피 사람이 꾸는 꿈은 일상과 유리되어 태어날 수 없습니다. 마찬가지로, 인간이 만들어가는 'unreal'은 'real'과 유리되어 존재할 수 없죠. 따라서 가상의 세계를 건설해 나아가고 있는 인류는 그 어느 때보다도 최선을 다해 현실을 바꾸어 나가는 중인지도 모릅니다. 우리는 흔히 '현실적으로 보자'는 말을 쉽게 합니다. 그러나 비현실적인 생각을 용인할 때 혁신이 태어납니다. 그리고 그 혁신은 언제나 우리의 삶을 조금 더 나은 곳으로 이끌었습니다. 그래서 지금, 이 대단한 'unreal'의 정체를 파악해야 할 필요가 있습니다. ❶

여러분의 unreal은 어떤 모습인가요?

포캐스트에선 현재를 통찰하고 미래를 전망해요.
이달에 알아야 할 비즈니스, 라이프스타일, 글로벌 이슈 일곱 개를 골랐어요.
3분이면 이슈의 맥락을 알 수 있어요.

미쳤습니까 휴먼?

지난 5월 9일 인테리어 플랫폼 '오늘의집'이 AR 서비스를 도입할 예정이라 밝혔다. 아마존, 네이버를 비롯한 각종 커머스 시장 또한 AR 제품 개발을 가속화하고 있다. AR 기술은 커머스 시장에 어떤 변화를 불러올까? __ 이다혜 에디터

WHY 지금 커머스의 증강 현실을 읽어야 하는 이유

공룡 기업들이 증강 현실에 뛰어들고 있다. 페이스북(현 메타)은 VR
제작사 오큘러스를 인수하며 가상 공간 선점을 꿈꾼다. 애플과 구글은
AR 헤드셋 출시를 목표로 한다. 아마존은 증강 현실을 이용한 쇼핑
기능 'AR View'를 비롯해 다년간 AR 분야에 투자해 왔다. IT 시장
성장세 둔화는 현실이다. 증강 현실은 차기 성장 동력의 유력한 후보다.
증강 현실 도입 단계에 있는 커머스 시장의 흐름을 읽을 때 IT 업계는
새로운 경쟁력을 찾을 수 있다.

DEFINITION 증강 현실

증강 현실(Augmented Reality·AR)은 실제 공간에 특정 사물이나
정보를 삽입해 가상의 이미지로 구현하는 것이다. 주변 환경 전체가
가상의 이미지로 구현되는 가상 현실(Virtual Reality·VR)과 달리
부분적으로만 이미지가 삽입된다. 지난 2016년 출시된 휴대폰 게임
'포켓몬 고'를 떠올리면 이해가 쉽다. 포켓몬 고는 출시 일주일 만에
다운로드 2000만 회를 기록했다. 증강 현실이 대중에게 급속히
친숙해진 계기였다.

MONEY 2300억 원

인테리어 플랫폼 오늘의집을 운영하는 버킷플레이스는 최근 2300억
원 규모의 시리즈D 투자를 유치했다. 이승재 버킷플레이스 대표의
인터뷰에서 주목할 부분은 AR 서비스다. 웹사이트에 올라온 가구 및
인테리어 소품을 소비자가 직접 공간에 배치해 볼 수 있는 증강 현실

서비스를 강화할 예정이라 밝혔다. "실내 장식을 넘어 사람들의 생활 전반을 다루는 슈퍼 앱으로 성장"하겠다는 말에도 주목할 필요가 있다. 인테리어 서비스가 AR 기술을 도입한 건 버킷플레이스가 처음은 아니다. 미국 인테리어 플랫폼 하우즈(Houzz)는 팀원 대부분이 비디오 게임 산업 출신으로 구성돼 있다.

KEYPLAYER 개인

AR 기술을 활용한 쇼핑의 핵심은 '대입'이다. 제품을 구매하기 전 개인은 해당 제품을 미리 자신의 신체와 환경에 대입해 볼 수 있다. 지난 2021년 아마존은 헤어숍 아마존 살롱을 오픈했다. 방문 고객은 AR 센서를 통해 자신이 원하는 헤어 스타일과 컬러를 시술 전 확인할 수 있다. 샤넬의 립 스캐너는 특정 컬러를 촬영하면 같은 톤의 립 제품을 추천해 주는 동시에, 해당 제품을 칠한 자신의 얼굴을 미리 볼 수 있다. 국내 스타트업 헤어핏은 800개가 넘는 헤어 스타일을 모바일로 착용해 볼 수 있는 서비스다. 장소 정보 수집에 동의할 시 해당 스타일을 시술해 줄 디자이너도 추천해 준다.

이번 주말엔 히피펌을 하러 갈거라곳!

NUMBER 40퍼센트

AR을 통한 시착 서비스가 본격화되면 제품의 불필요한 생산과 소비와 운송을 줄일 수 있다. 글로벌 쇼핑몰 사이트 쇼피파이의 분석에 따르면 3D와 AR 서비스를 선보인 제품의 경우 반품률이 최대 40퍼센트 감소했다. 고객 전환율은 97퍼센트 증가했다.

AR 기술이 모든 브랜드에 상용화될 수 있을까. 스니커즈 중심의 디지털 패션 플랫폼 RTFKT 브누아 파고토 CEO는 부정적인 입장이다. "기술이 빠르게 발전하고 있으나 모든 대중이 각 브랜드의 가이드라인을 존중할 정도로 AR을 진지하게 받아들이는 단계는 아직 오지 않았다." 패션 브랜드의 AR은 단순히 구매 전 미리 입어 보는 서비스가 아니다. 브랜드와 소비자의 새로운 소통 창구다. AR 서비스에서만 체험할 수 있는 브랜드 가치를 충분히 이해하는 고객이 많아질 때, AR은 더 넓은 범위에서 상용화될 수 있다.

©사진: Delphotostock

RECIPE B2B

커머스에 AR 도입이 활성화되면 브랜드는 더이상 B2C에 머무르지 않는다. 스노우(SNOW)는 뷰티 효과 카메라 앱이다. 립스틱, 블러셔를 비롯해 관자놀이 줄이기, 아랫입술 키우기 등의 각종 보정 기술을 선보여 왔다. 주목할 것은 브랜드 협업이다. 최근 휠라(FILA)는 스노우의 한 크리에이터로 입점했다. 소비자가 카메라로 발을 비추면 휠라 운동화가 가상 이미지로 등장한다. 내 발에 맞는 사이즈와 모양으로 맞춰진다. 반스, 컬럼비아를 비롯해 유명 패션 브랜드가 크리에이터로 입점하고 있다. 증강 현실은 플랫폼과 브랜드가 함께 윈윈할 수 있는 기술이다.

REFERENCE 스냅챗

브랜드의 AR 서비스를 지원하는 대표적인 플랫폼은 스냅챗이다. 미국의 메신저 스냅챗은 한때 페이스북을 제치고 승승장구했으나 인스타그램의 등장, 혹은 표절로 급격한 하락세를 겪었다. 메신저로서의 지위를 상실한 후 스냅챗이 전향한 곳은 AR을 활용한 쇼핑 커뮤니티다. 푸마 운동화부터 프라다 갤러리아백까지 착용해 볼 수 있는 AR 피팅룸을 운영해 왔다. 지난 4월 28일 진행한 〈스냅 파트너 서밋 22〉에서 에반 슈피겔 스냅챗 CEO는 앱 내 신설될 'Dress Up' 카테고리를 쇼핑몰의 미래로 칭했다. 증강 현실 기반 크리에이터- 소비자간 소통이 바로 에반 슈피겔이 꿈꾸는 소셜 커머스의 미래다.

RISK 데이터

단일화된 서비스는 편리와 동시에 불안을 선사한다. 구매자-판매자의 관계에 소셜라이징이라는 요소는 누군가에겐 당황스러운 불청객이다. 중고 거래 플랫폼 당근마켓이 지역 기반 커뮤니티로 확장하면서 발생하는 문제와 같다. 나의 구매 내역은 나의 취향 및 니즈와 동어 반복이다. 여러 유형의 데이터가 한곳으로 축적되는 플랫폼에 신중해야 하는 이유다.

난 필요한 것만 후딱 사고 끝내고 싶은데?

VR은 완전한 가상 현실이다. 다소 생소한 우주처럼 느낄 수 있다.
반면 AR은 현실과 가상의 조합이다. 내가 실제로 처한 환경과 새로운
이미지가 결합해 있다. AR은 포켓몬 고를 통해 '현실같은 게임'에서
'게임 같은 현실'을 만들었다. 이제는 커머스 시장에 도입되며 '게임
같은 쇼핑'의 시대를 열었다. 쇼핑의 목적은 이미 구매를 넘어섰다.
새로운 것을 탐색하고 공유하고 인증하는 범위로 확장하고 있다.
게임이 그렇듯 말이다.

FORESIGHT 웃음의 DT

아마존은 자사의 증강 현실 앱(Amazon Augmented Reality, AAR)이
"포장재는 적게, 웃음은 많이(Less Packaging, More Smiles)" 캠페인의
일환이라고 강조한다. 다양한 콘텐츠를 담은 택배 상자에 더 적은
자원을 소모하는 것을 지향한다고 말한다. 아마존의 진정성에 대한
논의와는 별개로, 화려한 재질과 커다란 부피의 포장에서 쇼핑의
기쁨을 얻던 시대는 저물고 있다. 쇼핑의 방식과 마찬가지로 쇼핑의
재미 또한, 아날로그에서 디지털로의 전환을 겪고 있다. ●

©Simply Jelly Jam 유튜브

'넷마블'의 자회사 '메타버스엔터테인먼트'에서 개발한 디지털 휴먼
'리나'가 잡지 《나일론 코리아》의 디지털 화보 모델로 발탁됐다.
6월 10일, 패션 플랫폼 '무신사'는 모델 유아인을 본 뜬 가상인간인
'무아인'을 내놨다. 가상인간 기술이 비약적으로 발전하며 디지털
휴먼을 사용하는 이유, 전략이 다양해지고 있다. __ 김혜림 에디터

시장조사 업체 '이머전리서치(Emergen Research)'는 전 세계 가상인간과 디지털 휴먼 시장 규모가 2020년 12조 원에서 2030년 650조 원으로 성장할 것이라 예상했다. '실험'으로 받아들여지던 디지털 휴먼이 기술 발전과 상용화를 거쳐 '산업'의 영역으로 들어섰기 때문이다. AI 기술의 고도화와 소프트웨어의 진전으로 인해 1000만 원 이하의 단가로도 제작할 수 있다.

METHOD 3D+딥페이크

• 언리얼 엔진 ; 가상인간을 만들기 위해서는 우선 디지털 휴먼의 뼈대가 되는 인물을 3D 기술로 제작한다. 3D 제작 플랫폼인 '언리얼 엔진(Unreal Engine)'과 모델링, 렌더링 소프트웨어의 성능이 발전하며 실제 인간처럼 보이는 가상인간을 빠르고 간편하게 제작할 수 있게 됐다. 언리얼 엔진의 '메타휴먼' 제작 툴은 "리얼한 디지털 휴먼을 몇 분 만에 제작할 수 있다"는 점을 강점으로 내세우고 있다. 피부색, 치아, 메이크업까지 다양한 선택지를 제공하고, 실제 스캔 데이터를 기반으로 한 샘플을 활용해 물리적 사실감을 더했다.

• 디오비 스튜디오 ; '디오비 스튜디오'는 구독자 6만 명을 보유한 유튜브 채널 '루이커버리'의 가상인간 '루이'를 개발한 스타트업이다. 이들이 딥페이크 기술에 활용하는 합성 기술은 '디오비 엔진'으로, 여러 사람의 얼굴을 모은다. 이 점에서 기존 딥페이크와 다른데, 세상에 존재하지 않는 얼굴이라는 점 때문이다. 가상이기 때문에 현실의 위험요소와 불안요소를 제거할 수 있을 뿐 아니라 시간과 공간의

제약으로부터도 자유롭다.

지난 6월 10일, 무신사는 가상인간 무아인을 브랜드 뮤즈로 선정했다.
같은 날 유튜브에는 '무신사X무아인'이라는 티저 영상을 공개하며
TV 광고에서도 활약할 예정임을 밝혔다. 무아인의 정체성은 멀티
페르소나다.

• 멀티 ; 실제 유아인은 몸이 하나지만, 무아인은 멀티의 몸을 갖고
있다. 덕분에 유아인이 영화나 드라마 등 작품 활동에 집중할 동안
무아인은 무신사에서 시간과 공간의 제약 없이 자유롭게 활약할 수
있다.

• 페르소나 ; 다양한 이미지를 소화해야 하는 패션 플랫폼인 만큼,
가상인간의 다양함을 강조하기 적절하다. 무신사에는 3500여 개
브랜드가 공식 입점해 있다. 무신사의 강점이 입점 브랜드의 다양성인
만큼, 무아인의 활용 가능성도 무궁무진하다.

• 유아인 ; 무아인이 로지, 루이 등과 같은 다른 가상인간과 다른 점은
실제 무신사의 뮤즈였던 유아인이라는 실존 인물을 빌려온다는 점이다.
실제 배우의 모습을 빌려오는 만큼, 대중의 친밀도를 만들 필요가
없다. 무아인은 유아인이 기존에 쌓아온 이미지와 친숙함을 갖고
있다. 그렇기에 무아인의 전략은 다른 가상인간들과 다르다. 솜털까지
재현한다는 등의 '사실성'을 내세운 게임 업계의 가상인간과는 달리,
무아인은 조금은 플라스틱 같거나 그래픽 같아도 호감도에는 큰

문제가 없다.

©사진: MUSINSA TV

STRATEGY 가상인간 인플루언서

• 세계관 ; 완벽한 세계관 속에서 구획된 캐릭터는 매력적이다.
매력적인 성격과 요소가 모인 집합체이기 때문이다. 인간으로 구성된
아이돌 그룹의 세계관을 만들기 위해서는 많은 시간과 비용이
소요된다. 적합한 사람을 골라, 세계관을 이해시키고, 그에 맞는
인간으로 재탄생시켜야 하기 때문이다. 그러나 가상인간으로 구성된
아이돌 그룹은 그렇지 않다. 이미 만들어진 세계관에 완벽히 일치하는
개개인으로 구성될 수 있다. 완벽히 부합되고 일치되는 세계는
카타르시스를 준다. 가상인간은 잘 만들어진 세계관의 개체인 동시에
제4의 벽에 갇히지 않은 자유로운 개체다.

• 안정성 ; 2001년, 펩시 광고 모델이었던 브리트니 스피어스가
코카콜라를 마시는 모습이 포착돼 1400억 원의 광고 계약을 잃을 뻔
했다. 기업의 입장에서 인플루언서로 내세우는 인간은 양날의 검이다.
스타의 친숙함과 이미지를 이용할 수 있지만 불안정하다. 학교 폭력과

음주 운전을 비롯한 사건 사고 뿐 아니라 개인의 삶의 방향성까지도 주가를 요동치게 만들 수 있다. 프로그래밍 된 가상 인플루언서에게는 과거가 없다. 돌발 행동을 할 미래의 위험도 없다. 기업에게는 매력적인 제안이 될 수밖에 없다.

• 트랜스 미디어 ; 잘 만들어진 가상인간은 어디든 오갈 수 있다. 런웨이에 설 수도, 브랜드와 콜라보를 진행할 수도, 잡지의 표지모델을 할 수도 있다. 디지털 세계로 진입하면 가능성은 무궁무진하다. VR, AR 속에서 가상 현실과 융합해 인간같이 보이는 NPC로 등장할 수도 있고, 가상의 세계관과 스토리 내에서 무리 없이 섞일 수 있다. 게임에서 가상인간으로, 가상인간에서 인플루언서로, 인플루언서가 다시 게임으로 향하는 식의 순환이 가능하다. 매체와 환경을 불문하고 오가는 트랜스 미디어적 개체인 셈이다.

RECIPE 다양성

가상인간 개발 기술의 발전과 산업적 진입에 맞추어 다양성을 가진 가상인간에 대한 시도도 늘어나고 있다. 디지털 모델링 에이전시인 '휴메인(HUM.AI.N)'에서는 세 명의 가상 모델을 내세웠다. '자바'는 과색소침착과 주근깨를 가진 빨간 머리의 캐릭터이며, '모시'는 백반증을 앓는 모델이다. '유닉스'는 트랜스젠더 모델이다. 가상인간의 영향력이 높아지고, 메타버스가 실제와 통합되는 지금 다양한 캐릭터의 존재 자체가 실제 인간의 생각을 바꿀 수도 있다. 언리얼 엔진 역시 무한대에 가까운 얼굴 특징과 피부 유형을 강점으로 내세우며 '나만의 완벽한' 가상인간을 창조할 수 있다는 점을 강조한다.

가상은 현실을 바꿀 힘이 있어요!

TRIAL 인간이 아닌

과거의 가상인간에게 완벽한 인간의 형태를 갖추는 것은 무엇보다 중요했지만 현재는 그 형태가 다양해지고 있다. 위험성과 비용을 획기적으로 낮출 수 있는 동시에 새로움이라는 브랜딩을 일궈낼 수 있는 일석이조 마케팅 전략이 되면서 다양한 시도가 이뤄진다. 유명 틱톡커 'Nobody Sausage'는 1500만 명의 팔로워를 보유하고 있다. 색다른 머리와 의상을 입고 그루비한 춤을 추는 소시지 캐릭터는 쇼트폼이라는 플랫폼의 특성과 맞닿아 대중의 눈을 사로잡기 좋았다. 새롭게 등장한 콘텐츠 플랫폼 환경, 양방향 소통이 가능해진 SNS 환경과 더불어 네트워킹과 커뮤니티의 경로가 다양해진 덕분이다. 인간의 모습을 갖추지 않았다 하더라도 AI와 플랫폼을 통해 인간과 소통하고 '인간다움'을 내세울 수 있다.

MAYBE 마스코트

인간이 아닌 형태의 AI 개체가 더 확장된다면 브랜드가 마스코트를 적극적으로 활용할 수 있는 길이 열린다. 브랜드의 캐릭터와 마스코트는 해당 브랜드의 지향을 함축하고 확산시킨다. '야나두'는 조정석을, '카누'는 공유를 하나의 마스코트로 삼았다. 이제는 가상의 개체가 그 자리를 대체할 수 있다. 카카오프렌즈가 각자의 인격을 갖고 나와 소통하며 SNS를 즐기는 시대를 상상해 보자.

RISK 비인간

가상인간이 누릴 수 있는 다양한 강점은 가상인간이기에 가능한 것들이다. 동시에 가상이기 때문에 넘어야 할 산들도 존재한다.

• 불쾌한 골짜기 ; 불쾌한 골짜기(Uncanny Valley)는 인간을 어설프게 닮은 것에서 사람들이 느끼는 불쾌감을 일컫는다. 일각에서는 무아인의 매끈한 표면을 불쾌하게 느끼기도 한다. 캐릭터 그래픽에 강점을 가진 게임 회사들은 이 불쾌한 골짜기를 넘어설 수 있는 그래픽 기술력을 내세운다. 불쾌한 골짜기를 극복하는 것은 지금의 가상인간 제작에 큰 시간과 비용이 드는 영역이다.

ⓒ사진: aitorserra

• 무책임 ; 가상인간은 광고 모델을 넘어 앵커, 쇼호스트, 은행원까지 확장하고 있다. 지난 2월에는 국내 첫 가상인간 AI 앵커 '제나'가 데뷔했다. 실시간 소통이 가능한 AI 은행원과 비서까지 등장했다. 한편, 현지시간 6월 12일 구글의 '람다' 모델을 개발한 구글의 엔지니어 블레이크 르모인은 인공지능이 인간의 자의식을 갖고 있다는 연구 결과를 발표해 유급 휴직 처분을 받았다. 구글은 이 주장이 과학적 근거가 없다며 일축했지만 르모인의 문제제기는 인간이 AI에 대해 가지는 불안함과 일맥상통한다. AI가 생각하고, 자의식을 가질 미래에서 AI는 인간의 자리를 일부 대체할 것이다. 그럼에도 아직

AI가 잘못하면 누가 책임을 질까요?

가상으로 만들어진 인간은 인간으로서의 권리를 갖지 않는다. 그만큼 인간이 가져야 하는 의무에 대한 책임도 지지 않는다. 인간의 동반자로서 성장해야 하는 AI에게 무책임은 넘어야 할 또 다른 산이다.

FORESIGHT 욕망

가상인간은 사람들의 욕망을 먹이로 삼아 성장했다. 사람들은 '완벽한' 개체를 원했고 '가까운' 개체를 원했다. 그러나 언제나 욕망은 바뀐다. 더 편하고, 더 빠른 것을 원했던 과거와 달리 지금의 사람들은 친환경과 저소음을 원한다. 가상인간의 성장세에 따라 가상인간이 많아지고, 다양해지면 가상인간이라는 흥미로움만으로는 승부할 수 없다. 결국은 가상인간 내부에 담기는 콘텐츠와 변화하는 욕망에 대한 대비가 중요해지는 셈이다. 가상인간 버블이 꺼지기 전에 탄탄한 콘텐츠와 확장성을 갖춰야 하는 이유다. 이 바깥을 응시하는 것은 가상인간이 아닌 인간이 관심을 기울여야 하는 것이다. "미디어는 메시지"라는 마셜 매클루언의 유명한 경구처럼, 결국 가상인간도 메시지다. ☏

  더 많은 이야기는 북저널리즘 라디오에서 만나요!

지난 5월 16일, SK텔레콤이 AI 에이전트 '에이닷(A.)'을 내놨다.
에이닷은 친구처럼 편안한 언어로 나에게 필요한 정보를 전달한다.
플로, 웨이브, 게임 등 SKT의 기존 생태계를 자유롭게 활용할 수 있는
건 덤이다. 구글 역시 5월 11일 개최된 개발자 컨퍼런스를 통해 최신
언어모델 '람다2'의 베타 테스트를 공개했다. 람다2 역시 대화형 응용
프로그램으로 수백만 가지의 주제를 이해하고 자연스럽게 대화할 수
있다. __ 김혜림 에디터

WHY 지금 친구가 된 AI를 읽어야 하는 이유

AI는 챗봇, 스피커, 소프트웨어 등을 통해 사람들과 직접 소통했다.
2011년 애플은 음성 기반 비서 '시리'를, 2014년 아마존은 AI
'알렉사'를 기반으로 한 스피커 '에코'를 출시했다. 국내 시장의 경우,
2016년 출시된 SKT의 AI 스피커 'NUGU' 이후 '카카오 미니', 네이버
'클로바' 등으로 뻗어나갔다. SKT의 야심작인 에이닷은 음성인식,
송출과 더불어 시각화된 캐릭터를 강점으로 내세웠다. 사회는 왜
편하게 대화할 수 있는 AI를 원할까? 다양한 곳에서 활약하고 있는 AI
친구는 어떤 모습을 갖출 수 있을까?

DEFINITION AI 챗봇

AI 챗봇은 딥러닝을 활용해 사용자와 자연스럽고 풍부한 대화를 가능케
하는 서비스다. 단순한 은행 상담 서비스만이 아니다. 언어 생성 모델인
GPT는 단어를 예측하고 문장을 생성할 수 있다. 이를 기반으로 한
인공지능은 직접 소설을 쓰거나 기사를 작성할 수도 있다. 딥러닝의
발전을 계단 삼아 AI는 언제든 대화할 수 있는 친구로 발전하고 있다.
최근에는 디지털 헬스케어와 치료제의 영역에서도 활용되며, 로봇과의
결합을 통해 반려자의 기능을 수행하기도 한다.

©사진: phonlamaiphoto

MONEY 130조 원

AI의 발전과 함께 챗봇 시장 역시 밝은 전망을 그리고 있다. 시장
조사 전문 기관인 '모르도 인텔리전스'에 따르면 전 세계 챗봇 시장은
2021년부터 2028년까지 연간 35퍼센트 성장해 130조 원 규모에 이를
것이라 전망했다. 시장의 가파른 성장세는 현대 사회가 AI 챗봇을
다양한 이유로 필요로 하고 있다는 것을 드러낸다. 더 이상 AI는 단순히
일처리를 돕는 존재가 아니다.

RECIPE 대화

최근 출시되는 AI 챗봇은 미묘한 뉘앙스와 상황을 이해하고 실제
대화하는 듯한 감각을 주는 것에 초점을 맞춘다. 사람과 사람이 나누는
대화가 정보를 얻기 위해서만 진행되는 게 아니듯, 챗봇의 진화 형태도
비슷하다. 구글이 발표한 구글 어시스턴트의 새로운 서비스인 '룩 앤
톡'은 이용자의 위치, 머리 방향, 시선 방향, 입 모양을 비롯한 100개
이상의 신호를 처리한다. 굳이 명령어인 "헤이 구글"을 입력할 필요가
없다. AI 스피커를 바라보고 말을 걸면 언제든 대화를 시작할 수 있다.
AI가 어투와 억양, 목소리, 행동을 모두 이해하게 되면서 비언어적
소통이 가능해졌다.

이제 "헤이 구글"을 부를 필요가 없어요!

KEYPLAYER 고세준 대표

메타버스 전문기업 '원유니버스'는 2023년 공개 예정인 '프로젝트
MSM'을 개발 중이다. 프로젝트 MSM은 AI를 기반으로 나만의 연인과
친구를 만드는 프로젝트다. 이용자는 AI 기반의 가상인간을 직접

구미고 선택할 수 있고, 가상 플랫폼인 MSM월드에서 함께 대화하고 쇼핑할 수 있다. 개발 영역을 총괄하고 있는 고세준 공동대표는 "가상 공간에서 외로움을 달래주고, 정서적 안정감을 줄 수 있는 실감형 콘텐츠"가 프로젝트 MSM의 목표라고 밝혔다. 고세준 대표는 일전 넥슨에서 메이플스토리 디렉터를 역임했다. 메이플 스토리 내에서도 다양한 개성을 지닌 NPC를 내세웠고 유저의 자유도를 높이는 방향으로 발전시켰다. 프로젝트 MSM 역시 개인화된 AI 챗봇과 유저 사이의 상호작용을 근간으로 삼을 예정이다.

REFERENCE AI 케어 서비스

지난 4월 27일 KT는 온라인 기자 설명회를 통해 노인 대상 AI 케어 서비스를 소개했다. 해당 서비스는 AI 스피커인 기가지니를 기반으로 취약 계층 노인에게 다양한 서비스를 제공한다. 고독사 예방과 조기 대응, IoT 기기와의 연동을 통한 통합 관리 시스템 운영, 건강 관리 및 인지 장애 예방 등이다. 광주광역시 서구에 거주하는 독거 노인 512가구와 대전 유성구 거주 독거 노인 30가구 등에게 제공되고 있다. 고령화 시대와 1인 가구의 증가세에 맞춰 AI 챗봇은 든든한 친구이자 반려자로 기능할 수 있다. 디지털에 익숙한 시니어가 등장하기 시작하면 비약적으로 성장할 수 있는 잠재력도 갖추고 있다.

CONFLICT 중립

AI가 일상에 점차 깊숙이 침투하면서 조심해야 할 것도 많아졌다. 국가인권위원회는 2021년 11월, 〈인공지능 개발과 활용에서의 인권 가이드라인 연구〉를 내놨다. 5월 17일 인권위는 해당 연구를 바탕으로 국무총리에게 관련 부처 조정 및 통합을 권고했다. 인권위는 인공지능에 영향을 받는 당사자들이 AI의 도입, 운영, 결정에 대한 참여의 기회를 보장받지 못하는 현실을 지적하며 인권 침해에 대한 권리 구제를 국가가 보장해야 한다고 주장했다. 실제로 사회는 이루다 사태를 통해 AI의 딥러닝이 중립적이지 않음을 보았다. "중립은 개념이지 상태가 아니"기 때문이다.

RISK 외로움

특정 비즈니스 분야의 성장은 현대 사회의 페인 포인트를 드러낸다. 인공적인 친구가 필요한 시대는 외로움의 시대다. 모두가 일상적인 대화를 나누고 싶고, 연결의 감각을 느끼고 싶다. 코로나19는 돌발적인 감염 사태였다. 코로나 이후 생겨난 다양한 비즈니스 모델들은 대안적 연결을 찾는 현재의 모습을 메타적으로 드러내는 하나의 선언이기도 했다. 외로움의 총량이 증가하는 상태는 AI 챗봇에게는 좋은 신호다. 그러나 쓸쓸한 뒷맛을 남기는 것도 사실이다.

©사진: freshidea

NUMBER 40퍼센트

2022년 4월 기준 한국의 1인 가구는 전체 세대의 40퍼센트에
육박한다. 고독사, 무연고사를 맞는 비율도 크게 늘었다. 지난해 혼자
죽음을 맞은 인원은 총 3159명으로 집계됐다. 2017년에 비해 57퍼센트
증가한 수치다. 사람들은 외로워졌고, 다양한 연결과 관계를 꿈꿨다.
코로나19 이후 폭발적인 수요가 따르던 닌텐도의 '모여봐요 동물의
숲'도 마찬가지다. 사람들은 나의 행적을 알고, 나의 변화를 알아차리는
NPC에 열광했다. 나와 연결된 존재가 가상인지, 실제인지는 크게
중요치 않다. AI 챗봇이 친구가 되는 상상화는 이 사회적 영향의 지도
내부에서 그릴 수 있다. 나도, 너도, 우리도, 세상도 가상이면서 실제가
될 수 있다.

©사진: 한국닌텐도 공식 채널

INSIGHT 흉내

컴퓨터 과학의 선구자인 앨런 튜링은 "기계는 생각할 수 있는가?"라는
질문에 "생각하는 행위를 흉내 낼 수 있다면 생각하는 것으로
판정하자"는 제안으로 답했다. 친구가 된 AI 챗봇은 앨런 튜링의

이미테이션 게임을 대화에 적용한다. 인공지능은 대화나 창작이 무엇인지를 논의하기보다는 그를 어떻게 더 잘 모방할지를 고민한다. 따라서 언제나 AI의 행동은 현실과의 연결 고리를 유지한다. 이루다의 차별 섞인 발언은 AI가 학습한 인간 사회의 단면이었다. 구글 어시스턴트가 흉내 내는 비언어적 소통 역시 그렇다. AI는 분명 사회의 문제를 해결할 수 있다. 다만 흉내 내는 방식을 통해서 가능하다. 중요한 것은 기술을 어떻게 사용하느냐의 문제만이 아니다. 기술이 왜 이러한 방향으로 발전하는지, 왜 이러한 모습을 갖추게 되었는지에 대한 성찰도 필요하다. 이 성찰은 온전한 인간의 영역이다.

FORESIGHT 나의, 나에 의한, 나를 위한

현재 대화형 AI가 그리는 청사진은 다양하다. 디지털 헬스케어를 고도화시켜 실버 산업과의 연계를 도모할 수 있다. AI 챗봇을 기반으로 사용자와 대화하며 조기에 병증을 발견하고 예방할 수 있다. 이는 니어러블 기술과 결합해 더 큰 시너지를 낼 수 있다. 메타버스 및 게임과의 접목을 꿈꿀 수도 있다. 나만의 AI기반 친구를 만들고 함께 메타버스를 거닐며 게임을 즐길 수 있는 셈이다. 이 경우 가상인간과의 결합, NFT, P2E과의 결합을 통한 부가가치 창출도 자유롭다. AI가 re-action이 아닌 action의 주체가 되는 날이 머지않았다. 나보다 나를 더 잘 아는 나만의 친구가 생길 수 있다. ✆

더 많은 이야기는 북저널리즘 라디오에서 만나요!

디지털 치료제가 제약·바이오 산업 시장에서 급성장하고 있다. 굵직한 투자가 이어지며 이른바 '3세대 치료제'로 불린다. 과연 디지털 치료제는 제약 산업의 판도를 바꿀 '게임 체인저'가 될 수 있을까?

___ 이현구 에디터

WHY 지금 디지털 치료제에 주목해야 하는 이유

미국 라스베이거스에서 지난 1월에 열린 '소비자 가전 쇼(CES) 2022'에서 행사 기조 연설을 맡으며 푸드 테크 이상으로 주목을 받은 분야는 '헬스 케어'다. 그중 가장 큰 이목이 쏠리는 것은 단연 디지털 치료제다. 디지털 치료제는 기존 치료제와 같이 효과가 좋으며 부작용이 적고 가격이 저렴하며 환자 모니터링이 용이한 것으로 홍보된다. 과장이 아니라면 혁신이다. 윤석열 정부의 인공지능 신약 개발 플랫폼에서 지원할 주요 분야이기도 하다.

DEFINITION 무경계

디지털 치료제(Digital Therapeutics·DTx)는 국제 비영리 단체인 디지털 치료제 협회(Digital Therapeutics Alliance·DTA)에 따르면 "질병을 예방·관리·치료하기 위해 환자에게 근거 기반 치료제 개입을 제공하는 소프트웨어 의료 기기"다. 말마따나 '근거'가 있어야 한다. 우리나라로 따지면 식약처, 미국으로 따지면 식품의약국(FDA) 등 허가 당국의 승인이 있어야 한다. '치료적 개입'이 되어야 하므로 '디지털 헬스'라는 큰 범주 안에서 단순한 건강 관리나 정보 수집에 그치는 '헬스 케어' 개념과도 다르다. 두드러지는 차이는 정의의 마지막이다. 디지털 치료제의 형태는 소프트웨어, 앱, 게임, 챗봇, VR·AR·XR기기, AI 기반 도구 등 다양하다. 물성을 뛰어넘은, 그야말로 무경계로 특징지을 수 있다.

VR은 가상현실, AR은 증강현실
XR/MR은 혼합현실이라구

©사진: Billetto Editorial

RECIPE 진화의 발자국

디지털 치료제의 등장은 다양한 맥락에서 해석할 수 있다. 의약품
혁신의 개념으로 보면 차세대 신약이다. 1세대는 1900년대에 출시된
독일 화학업체 바이엘의 아스피린이다. 저분자 화합물 기반의 일약과
캡슐이었다. 2세대 신약은 1990년대 중반을 휩쓴 단백질, 항체 등의
생물학적 제제다. 지금 세대는 'CAR-T(Chimeric Antigen Receptor-T,
키메라 항원 수용체 T)' 등으로 대표되는 세포 치료제, 유전자 치료제가
혁신으로 꼽힌다. 디지털 치료제는 이 흐름의 뒤를 잇는다. 좀 더
우리에게 익숙한 맥락에서 보자. 코로나19 판데믹, AI 기술 발전 등 4차
산업혁명 심화로 의약 업계도 예외 없이 '비대면', '자동화'의 흐름에
놓였다. 북저널리즘이 인터뷰한 '닥터 나우'와 같은 비대면 진료, 약
배달을 넘어 치료제에도 디지털 전환(DT)이 일어나고 있는 것으로도
볼 수 있다.

CONFLICT 부작용

디지털 치료제는 정말 부작용이 없을까? 전북대학교 약학대학

정재훈 교수는 "생체에서의 작동 원리를 고려하면 전자약과 디지털 치료제도 위험성을 가지고 있다"고 말한다. 효과가 있다면 당연히 부작용이 따른다는 의미다. 따라서 기존 치료제와 같은 엄격한 임상 실험이 요구된다. 다만 인지 행동 치료의 관점에서는 당연히 약물보다 부작용이 적다. 현재 디지털 치료제를 개발 중인 '엔비져블'의 허윤실 공동대표는, 개발 중인 '디지털 치료 경험'에 대해 서면으로 "화학적 약물을 직접 인체에 투여하는 일반적인 약물 치료제의 임상 실험과는 달리, 게임처럼 디지털 콘텐츠를 플레이하고 개선 사항을 관찰하는 방식이라 상대적으로 부작용의 위험이 매우 낮다"고 전했다.

©일러스트: 권순문

NUMBER TOP 5

아직 국내에 임상을 통과한 곳은 없다. 다만 유망한 'Top 5'가 있다. 웰트, 에임메드, 하이, 뉴냅스, 라이프시맨틱스다. 보통 3상까지 나뉘는 약물과 달리 디지털 치료제는 탐색 임상과 확증 임상 두 단계로 나뉘는데 위 업체들은 확증 임상 단계에 들어간 경우다. 특히 지난 1월 시리즈 B로 110억 원 투자 유치에 성공한 웰트는 아시아 최초로 DTA의

멤버사가 됐다. 불면증 디지털 치료제를 만드는 회사다. 현재 임상에 돌입한 국내 업체는 총 10곳이지만 전문성 없이 뛰어드는 업체도 많다. 치료 기전에 대한 이해 없이 상관성을 인과성으로 오인한 결과다.

무용으로 우울증을 치료하겠다던 곳도 있었대

REFERENCE 페어 테라퓨틱스

해외는 어떨까. 최초로 미국 FDA의 승인을 받은 디지털 치료제는 보스턴 기반의 '페어 테라퓨틱스(Pear Therapeutics)'가 만든 'reSET'이다. reSET은 모바일 앱으로 약물 중독을 치료하는 디지털 치료제로 2017년 9월에 승인받았다. 2020년 3월에는 불면증 치료용 디지털 치료제인 Somryst를 추가로 허가받았다. 아킬리(Akili Interactive)도 대표적 회사다. EndeaverRx라는 소아 ADHD 치료용 디지털 치료제를 게임으로 만들어 2020년 6월에 승인받았다. FDA에 도전한 한국 회사도 있다. 코스닥 상장사인 케이피에스의 바이오 자회사 '빅씽크테라퓨틱스'다. 강박 장애 치료용 앱으로 탐색 임상에 나섰다. 국내 기업 '하이'도 치매 진단과 치료를 목적으로 한 '알츠가드'로 고령층이 많은 일본을 노린다. 시장이 형성됐거나 잠재력이 높은 곳을 조준하는 것이다.

RISK 사용 비율

큰 병이 아니면 보통 사흘 치 약을 처방받는다. 사람에 따라 다르지만 처방받아온 약을 다 먹지 않는 경우가 많다. 페어 테라퓨틱스의 2021년 실적에서 주목할 곳은 바로 사용 비율(Fulfillment Rate)이다. 앱을 다운받고 실제 치료 콘텐츠를 이용한 환자의 비율이다. 가이던스는 50퍼센트지만 실제로는 51퍼센트가 사용했다. 바꿔 말하면 이용하지 않은 비율도 절반에 가까운 것이다. reSET, reSET-O, Somryst 세 가지의 치료제는 프로그램에 따라 최소 9~12주 동안을 사용해야 한다. 단 한 번의 콘텐츠 이용도 사용 비율에 잡히기 때문에 실제로 프로그램을 완벽히 이행한 사람은 훨씬 적을 것이다. 아무리 뛰어난 푸드 테크라도 소비자의 수용성이 낮으면 의미가 퇴색되는 것과 같은 이치다. 사용 비율은 디지털 치료제의 복병이다.

식후 30분 뒤 플레이하세요

MONEY 42억 달러

그럼에도 엄청난 돈이 오가고 있다. 2021년 기준 전 세계 디지털 치료제 시장 규모는 약 42억 달러(5조 2000억 원)다. 전망은 어떨까. 한국보건산업진흥원은 2021년 보고서에서 디지털 치료제 시장이 연평균 약 20퍼센트의 성장률을 기록하며 2026년에는 12조 원 규모로 성장할 것으로 내다봤다. 미국의 시장 조사 기관인 얼라이드 마켓 리서치는 2030년, 전 세계 29조 원까지 확대될 것으로 봤다. 생각보다 적다고 느껴진다면 숫자에 무뎌진 것이다. 이건 '디지털 치료제'에만 한정한 숫자다. '디지털 헬스'로 넓히면 2020년 약 174조 원, 2027년까지 582조 원 규모로 성장이 예상된다. 우리나라의 디지털 치료제 시장은 2020년 기준 4742만 달러(587억 원)이나 최근 굵직한 투자가 늘고 있다. 통상 유망한 분야에 투자를 단행하는 건 자연스러운 일이지만 최근 눈여겨볼 투자가 있었다. 위메이드의 엔비져블 투자다.

KEYPLAYER 위메이드와 엔비져블

지난 5월 27일, 위메이드는 인터랙티브 콘텐츠 스타트업인 엔비져블에 전략적 투자를 단행했다고 밝혔다. 아킬리가 게임을 적용한 디지털 치료제를 만들었듯, 역으로 게임사가 접근한 경우다. 본 인수 건을 보도한 기사들은 엔비져블을 '메타버스 전문 개발사'로 소개하고

있지만 실제로는 그 이상이다. '펀토리 하우스'라는 인터랙티브 실내 놀이터 브랜드를 론칭해 6년간 운영하며 아이들의 인지발달을 돕는 디지털 콘텐츠의 유효성에 관해 연구 개발을 해왔다. 현재 디지털 치료제를 개발 중으로 임상을 계획하고 있으며, 향후 학습장애, ADHD, 자폐와 같은 발달장애 아동의 치료와 훈련에 쓸 수 있도록 FDA 승인을 목표로 한다. 엔비져블이 개발하는 메타버스와 DTx의 효과에 관한 에디터의 질문에 허 공동대표는 "디지털 기술을 활용해 게임처럼 플레이하며 발달장애 아동의 치료와 훈련을 돕고, 신체 활동과 연계하여 놀면서 성장하는 콘텐츠가 될 것"이라고 답해왔다. 요컨대 약과 주사라면 학을 떼는 아이들의 '사용 비율'을 획기적으로 개선할 수 있다. 메타버스 플랫폼을 지향하는 위믹스 3.0에서의 역할이 기대되는 이유다.

INSIGHT 게이미피케이션

닥터나우가 치렀던 홍역을 생각하면 디지털 치료제가 맞닥뜨릴 문제는 가볍지 않다. 기존 의료계의 반발은 물론이고 정책적 쟁점이 숱하게 남았다. 그럼에도 기대되는 것은 초대형 게임 회사와 디지털 치료제의 융합이다. 이는 에듀테크인 '듀오링고(Duolingo)'를 연상케 한다.

듀오링고는 '게이미피케이션(Gamification)'을 통해 학습력을 증진하고

진입 장벽을 낮춰 교육 격차를 해소하고자 했다. 과거 게임을 질병으로 매도하던 시절을 지나 "게임은 문화다"라는 표어가 등장했고 이제 게임은 다양한 산업에서 범용성이 높은 콘텐츠다. 디지털 치료제와 게임의 결합이 주목되는 이유는 특히 아이들에게 더 효과적인 미디어이기 때문이다. 엔비져블의 허 공동대표는 "시스템화된 교육 제도와 고도로 복잡한 커뮤니케이션 능력을 요하는 현대 사회에서는 아이들의 인지, 사회적 발달 지연을 모니터링하고 지연을 방지하는 것이 중요하다"고 말한다. 아이들이 자연스레 게임을 하며 치료 효과도 얻을 수 있다면 게임 강국인 한국의 큰 무기가 될 수 있다.

FORESIGHT 급여

상용화를 위해 고민해야 할 지점은 결국 가격이다. 디지털 치료제는 어디까지 저렴해질 수 있을까? 처방에 따라 앱을 설치하고 플레이하는 정도라면 혁신적인 수준으로 치료비가 낮아질 수 있다. 다만 소프트웨어를 구동하기 위해 다양한 기기가 필요한 경우는 얘기가 다를 수 있다. 따라서 '급여' 여부가 중요해진다. 최근 미국에서는 디지털 치료 앱 등이 메디케어·메디케이드서비스청(CMS)에서 보험 급여 코드를 부여받았다. 인지중재치료학회 강성민 대표에 따르면 "독일 역시 수가 지원을 위해 앱 기반 디지털 치료제 20개에 임시 수가를 신설, 그중 5개에는 보험 급여 자격을 부여"했다. 보건복지부는 아직 원론적 입장을 고수하지만 디지털 치료제 상용화의 가장 핵심적인 열쇠를 쥐고 있다. 규제의 강도가 생태계 조성을 결정짓는다. ☎

  더 많은 이야기는 북저널리즘 라디오에서 만나요!

5월 17일, 소니의 자회사인 게임제작사 '번지'가 성명서를 발표했다. 5월 14일 뉴욕 버팔로에서 있었던 흑인 대상 총기테러 사건에 대한 성명이었다. 번지와 번지 제작사 내 클럽인 'Black at Bungie'는 인종차별적 공격에 대응하여 제작사와 플레이어, 팬 모두가 모일 수 있는 공간을 건설하는 데 힘을 쏟겠다고 밝혔다. __ 김혜림 에디터

지금의 게임은 한 명의 스타 개발자나 개인이 만들어 가는 작품이 아니다. 거대 규모의 자본과 인력이 투입돼 하나의 결과물을 건설하는 대규모 토목 공사에 가깝다. 따라서 가장 경제적인 선택이 가장 옳은 선택이었다. 다른 한편에서 노동자는 워라밸을 원했다. 소비자는 새로운 서사와 가치에 대한 소비 욕구가 높아졌다. 게임 업계는 경제적인 콘텐츠를 제작해야 했으며 소비자는 겁 내지 않고 움직이는 기업을 원했다. 모든 흐름들이 합쳐지며 게임 업계가 정치적 목소리를 내기 시작했다. 게임은 산업 분야이면서 직접 소비자에게 가닿는 콘텐츠 비즈니스이기도 하다. 이들의 정치적 움직임이 불러올 수 있는 파급력이 큰 이유다.

MONEY 213조 원

코로나로 인해 신음하던 2020년과 2021년, 게임 업계는 눈부신 성장을 이뤘다. 작년 게임 업계는 213조 원으로 1년 전과 비교해 1.4퍼센트포인트 성장했다. 게임 업계의 성장은 게임 플레이어의 증가세로도 엿볼 수 있었다. 2021년 게임 플레이어는 30억 명으로, 2020년과 비교해 5.3퍼센트포인트 올랐다. 게임이 차세대 콘텐츠로 주목받으며 게임 자체의 정의도 넓어지고 있는 실정이다. 메타버스 열풍과 C2E, P2E과 같은 형태가 등장하며 모두가 쉽게 게임을 접하고 이용할 수 있게 됐다. 과거 TV와 영화가 그랬듯, 게임도 정치적 올바름과 사회적 책무에 대한 책임을 느낄 수밖에 없다.

이 책무에 대한 인식은 게임 형태의 다변화와 궤를 같이 한다. 제한된
선택지와 일방향 소통이 전부였던 과거의 게임과 달리 지금의 게임은
메타버스, 콘솔, 온라인 등으로 다변화됐다. 다변화는 각 분류에 맞는
사용과 운영의 혼재를 필연적으로 수반한다. 사람들은 콘솔 게임을
온라인처럼, 온라인 게임을 메타버스처럼, 메타버스를 콘솔 게임처럼
즐기기 시작했다. 지금의 게임은 오히려 모든 형태가 혼재된 양상에
가깝다. 유저들은 '로블록스'에서 수많은 게임을 즐기고, '동물의
숲'에서 자신의 집을 만들고, '오버워치'에서 캐릭터를 선택한다.
세계관, 스토리, 캐릭터, 유저의 자율적 선택 모두가 섞여있다. 그만큼
잠재적 유저는 게임 비즈니스의 역학과 영향력을 따져야 한다.

이제는 게임의 형태도 엄청 다양해요!

NUMBER 53퍼센트

EGRN(극단주의 및 게임 연구 네트워크)에 따르면 게임 상에서
괴롭힘을 당한 게임 플레이어의 53퍼센트가 인종과 민족, 종교, 성별,
성적 지향으로 인해 차별과 혐오, 극단주의를 경험했다고 밝혔다.
게임 플레이어가 늘어나고, 이들이 더 많은 시간을 게임에 할애할
수록 혐오에 더 자주 노출된다. 더 큰 문제는 재생산이다. 어릴 때부터
자연스럽게 게임에 노출된 아동들이 기존에 존재했던 우월주의와
혐오를 내면화할 가능성이 크다. 더불어 게임에서 혐오와 차별을
경험한 유저는 해당 게임에 대한 부정적인 인식을 가질 가능성이 크다.
게임 업계에서 나오는 자정의 목소리와 정치적 올바름에 대한 인식은
일종의 유저 A/S의 관점과 경제적 선택의 논리에서 바라볼 수 있다.
문제는 몇몇 게임 회사의 움직임이 실제 현실, 게임에 대한 인식의

본질과 유리되어 있다는 점이다.

CONFLICT 다이버시티 스페이스 툴

지난 5월 13일 액티비전 블리자드는 다양성을 위한 '다이버시티 스페이스 툴'을 공개했다. 블리자드는 2017년에서 2021년 사이에 세계에서 가장 많이 팔린 게임의 80퍼센트가 백인 남성 주인공이라는 사실을 언급하며, 이 도구가 무의식적인 편견과 배제를 방지하는 방법을 제시할 수 있다고 밝혔다. 해당 툴은 젊은 백인 남성을 기준으로 나이, 신체 능력, 인지 능력, 성 정체성, 성적 지향, 문화·사회적 배경 등의 차이를 수치화해 다양성 정도를 측정한다. 점수가 높을수록 사회적 다양성을 많이 담고 있다는 것을 의미한다. 유저는 이 도구를 "인종과 성적 지향을 정량화하는 토크니즘"이라고 수위 높게 비판했다. 비장애인 백인 헤테로 남성에게서 멀어지는 것이 정치적으로 올바른가에 대한 문제제기도 있었다.

KEYPLAYER 알렉스 아프라샤비

다이버시티 스페이스 툴에 대한 비판에 블리자드는 해당 도구가 단독으로 사용되는 것이 아니라 제작 과정에서 토론하고, 협의하기 위한 보조일 뿐이라고 답했다. 이 도구가 비판받는 이유는 또 있었다. 액티비전 블리자드는 작년 여름 권력형 성범죄와 수직적인 조직문화로 악명을 떨쳤다. 주요 가해자 중 한 명이었던 알렉스 아프라샤비는 '월드 오브 워 크래프트'에서 강인한 여성 캐릭터로 인기를 끌었던 '실바나스'의 개발을 총괄했던 디렉터였다. 정치적 올바름을 지향하는 행위는 비판받지 않는다. 그러나 블리자드는 PC라는 가면을 쓰고 노동자로 하여금 PC함이 실재하지 않는 현실을 경험하도록 했다.

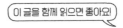

REFERENCE 벡델 테스트

벡델 테스트는 1985년 미국의 만화가 앨리슨 벡델이 자신의 만화인
《주목할 만한 레즈들(Dykes to Watch Out For)》에서 고안한 영화의
성 평등 평가 방식이다. 세 가지의 항목을 통해 이 테스트가 이뤄진다.
1. 영화에 이름을 가진 여성이 둘 이상 등장한다. 2. 여성들이 서로
이야기를 한다. 3. 여성들이 나누는 대화의 주제가 남자에 대한 것이
아니다. 대부분의 여성 영화는 어렵지 않게 벡델 테스트를 통과하지만,
이 테스트를 통과했다고 해서 성적 편향에서 무관한 것은 아니다.
중요한 것은 해당 작품을 받아들이고 수용하고 이용하는 관객이다.
콘텐츠는 제작에서 완성되지 않는다. 영화든, 게임이든 그를 이용하고
소비하는 유저가 중요하다.

RECIPE 비즈니스

지금의 유저는 무엇을 원할까? 지속 가능한 경영이 2020년 이후를
설명하는 하나의 비즈니스 모델인 만큼 게임 업계도 이와 무관할 수는
없다. 지금은 팩맨과 테트리스와 같은 메가 게임이 전 세계를 휩쓰는
시장이 아니다. 유저들은 '로블록스'에서 〈오징어 게임〉의 '무궁화 꽃이
피었습니다'를 즐기고, 페이커의 게임 영상을 보며 감탄한다. 누군가는
'오버워치'의 캐릭터 솔져76을 FPS의 문법 아래에서 사용하지만
누군가는 그저 그 캐릭터가 멋져서 선택하기도 한다. '리그 오브
레전드'를 즐기지 않더라도 넷플릭스에서 〈아케인〉을 보며 새로운

세계관을 학습한다. 게임은 즐기는 것에서 만들고, 보고, 소통하는 것으로 바뀌었다. 지금의 게임 업계는 현실의 불의에 참지 않는다. 노조를 만들어 직접 워라밸을 요구하고 다양한 캐릭터를 만든다. 이는 미래의 비즈니스 구조와 무관하지 않다.

©사진: Diego

RISK 게임의 본질

모두가 정치적 올바름에 동의한다. 그럼에도 게임의 PC함은 유저의 거센 항의와 부딪혔다. 이들은 그간 해당 게임 제작사가 유지했던 게임의 정체성과 세계관이 새로운 선택과 충돌한다는 이유를 말한다. '라스트 오브 어스2'는 전작의 세계관과 스토리 라인을 뒤엎는 신작이라며 유저로부터 혹평을 받았다. 2편에서는 전작에서 활약했던 주인공의 비중이 줄었고, 유저가 좋아하지 않았던 캐릭터로 플레이하는 내용이 담겼다. 게임 제작사 'EA'는 '배틀필드5'에서 2차 세계대전이라는 세계관과 여성의 등장이 충돌한다는 지적을 받았다. 게임이 유저와 스토리, 세계관, 캐릭터로 이루어진 종합 콘텐츠라면 모든 것이 조화를 이룰 필요가 있다. 가상은 그 가상을 선택하는

이들로 인해 가상으로서 태어난다. 아무도 선택하지 않은 가상은
버림받은 세계에 지나지 않는다.

결국 게임에서 가장 중요한 건 재미니까요!

INSIGHT 기업의 선택

그렇기에 번지의 Black at Bungie 클럽과 낙태 판결에 대한 목소리는
그들이 선택한 하나의 세계관이자 노선이다. 지금의 소비자는 단순히
물건과 콘텐츠를 소비하고 소진하지 않는다. 개인의 구매 목록과
시청 목록, 구독 목록은 취향과 상상력을 대변한다. 잠시 눈을 돌려
영화를 보자. 고전 영화의 황금기, 관객이 선택할 수 있는 영화는
많지 않았다. 황금기를 거쳐 성장한 영화 산업은 관객에게 선택권을
줬다. 동시상영관에서 끼워 팔던 B무비와 정치적 혁명기를 거쳐
관객에게 당도한 비디오 영화가 그 사례다. B무비는 깔끔하지도,
잘 만들어지지도 않았지만 분명 새로운 관객을 길렀고 영화에 대한
새로운 상상력을 키웠다.

FORESIGHT 소비자의 선택

모든 콘텐츠는 기업의 선택에서 출발해 소비자의 선택으로 닿는다.
과거 소비자의 선택은 콘텐츠를 통해 느끼는 재미였다. 지금은
그 가치를 소비하는 방향으로 이동했다. 소비자는 조금 품질이
떨어지더라도 동물 실험을 거치지 않은 화장품을 택하고, 조금
비싸더라도 공정무역 커피를 선택한다. 게임의 미래도 다르지 않을
것이다. 누군가는 해당 게임의 다양한 캐릭터와 제작사가 선택한
정치적 목소리에 동의해 게임을 구매할 수 있다. 기업이 선택한 방향을
다시금 소비자가 선택하는 셈이다. 1991년 창립된 번지의 목적은 두

가지다. 최고의 그래픽과 스토리, 플레이를 최첨단 기술로 구현하는 것과 세계 게임 시장을 정복하기. 허울 좋은 원칙은 시장을 막을 수 없다. 그러나 소비자의 선택은 시장을 조직하는 힘을 가졌다. 번지의 게임을 즐겨하는 한 유저는 이렇게 말했다. "LGBTQ 프라이드에 이어 '흑인의 목숨도 소중하다' 운동을 공식적으로 지지하는 회사가 있을 거라고는 생각도 못 했었어요." ⊤

  더 많은 이야기는 북저널리즘 라디오에서 만나요!

지난 5월 26일 성형·미용 정보 플랫폼 강남언니에 수수료를 지급하며 병원 홍보 및 환자 소개를 요청한 의사가 벌금 300만 원 형을 선고받았다. 강남언니는 고객이 성형·미용 쿠폰 구매 시 해당 병원으로부터 수수료를 받는 수익 모델을 운영한 바 있다. 미용과 의료의 불분명한 경계에서, 강남언니는 어떤 향방을 보일까.

__ 이다혜 에디터

WHY 지금 강남언니를 읽어야 하는 이유

대법원 판결 전까지는 '의료 플랫폼에서의 수수료 수익 모델'에 대한
판례가 존재하지 않았다. 법률 해석상 회색 영역이었다. 설상가상으로
성형·미용 플랫폼에 대한 대한의협의 반발은 거세지고 있다. 즉
강남언니는 시장 경제적 속성을 띄기 시작한 의료 영역의 대표적인
모델인 동시에, 플랫폼-기존 사업자 간 갈등이 본격화될 DT 시대의
단면이다.

DEFINITION 강남언니

강남언니는 2015년 성형 견적 서비스 플랫폼으로 출범했다. 현재는
'성형 미용 정보 플랫폼'을 표방한다. 메인 탭은 홈, 이벤트, 시술후기,
수다방 네 개로 구성됐다. 현 강남언니 마케팅의 핵심은 세 번째
'시술후기' 탭이다. 카테고리별로 다른 멤버의 시술 사진을 병원
및 의사명과 함께 볼 수 있다. 또 누구나 시술 뒤 사진만 첨부하면
후기를 쓸 수 있다. 정보 비대칭성이 심한 의료계 문제를 해결하고자
시작했다는 것이 홍승일 힐링페이퍼 대표의 창업 동기다.

KEYPLAYER 홍승일

홍승일 대표는 의과 대학 출신이다. 본과 3학년 때 만성질환자 건강
관리앱 힐링페이퍼를 출시했다. 환자와 보호자, 의료인이 함께 치료
과정을 기록하는 앱이었으나 의료 보험 영역에 있는 탓에 수익 모델
발전이 어려웠다. 그래서 향한 곳이 비급여 영역인 성형 시장이다.
2015년 피벗에 성공 후 2년 만에 입점 병원 1400여 개 확보, 앱

다운로드 누적 160만 건을 넘기며 승승장구했다. 문제된 것은 이번 사건의 발단이 된 환자 중개 수수료 모델이다. 의료법 위반 혐의로 2019년 1월 강남 경찰서에 고발됐고 올해 1월 징역 8개월에 집행 유예 2년을 선고받았다. 검찰에 따르면 홍 대표는 해당 수수료 모델로 71개 병원에 환자 9215명을 알선하고 1억 7600만 원 규모의 수익을 얻었다.

MONEY 2100만 원

이번에 벌금형을 선고받은 피부과 의사는 2년 6개월간 강남언니로부터 환자 1300여 명을 소개받았다. 그 대가로 약 2100만 원의 수수료를 지불했다. 이 수수료가 쌓여 1억 7600만 원이 됐다. 그러나 해당 수익 모델은 당시 힐링페이퍼 전체 매출의 2퍼센트 미만에 불과하다. 나머지는 의료 광고 수익이다. 논란에 휩싸이며 수수료 모델은 폐기됐다. 참고로 힐링페이퍼의 작년 매출은 159억 원이었다. 강남언니 앱은 무료다. 즉 대다수 광고 수익이다.

RECIPE 앱

강남언니가 출범한 배경엔 국내 성형 커뮤니티 특유의 무질서함이 있다. 무한 검색과 댓글과 쪽지를 통해 시술 가격 및 병원 정보를 짜깁기하는 식이었다. 2000년대 중반 만들어진 여우야와 성형위키백과는 네이버 카페의 틀을 벗어나지 못했다. 성예사의 웹사이트 또한 세련과는 거리가 멀다. 명동으로, 압구정으로 발품 팔던 유저들에게 강남언니는 편리한 UI, UX로 정보를 제공하기 시작했다.

ⓒ사진: 강남언니

NUMBER 3575

그러나 플랫폼이라는 형식 외에 획기적인 서비스를 선보인 적은 거의
없다. 처음 출범 시 내세운 "발품 팔지 않는 성형 견적 서비스"는
중단한 지 오래다. 의료진의 시간과 노력을 요하지만 견적 상담이
시술 예약으로 이어지지 않는다는 게 문제였다. "간편하게 확인하는
투명한 성형 후기"를 강조하는 만큼 타 커뮤니티에 비해 스크리닝이
잘 되는 편이다. 그러나 앱에서 예약 후 내원했을 시 실제 수술
비용은 훨씬 높거나, 비용을 할인하는 조건으로 후기를 작성해야 하는
경우가 다반사다. 눈여겨볼 것은 앱 내 'CCTV 병원' 검색 기능이다.
2020년 한 해 동안 강남언니 앱에서 사용자가 단어 'CCTV'를 언급한
횟수는 3575회였다. 전년 283회 대비 12.6배 증가했다. 수술실 CCTV
논란과 별개로 소비자가 선택할 수 있는 상품의 폭이 확장된 것, 그걸
범주화해서 볼 수 있다는 것이 앱의 매력이다.

 선생님, 저는 어디를 좀 해볼까요?

CONFLICT 플랫폼정부

2020년 6월 문재인 정부는 '한걸음모델'을 발표했다. 신규 사업자와
기존 사업자 간 갈등을 중재하고 상생안을 만든다는 취지였다. 올해
3월 홍남기 경제부총리는 강남언니를 해당 모델의 대상으로 선정했다.
잇따른 것은 대한의사협회, 대한한의사협회, 대한치과의사협회의
반발이다. 과도한 마케팅 경쟁, 의료 서비스 저하 등의 이유다. 지난해
국회 보건복지위원회는 '의료 광고 심의 대상을 확대하는 의료법
개정안'을 법안 심사 소위에 상정했다. 의협 측의 비판에 따라 의료
광고 관련 모호한 표현이나 심의 기준 또한 수정한 것이다. 의료
업계의 신구 갈등은 현 정부의 고민으로 이어진다. 민간 주도 성장의
디지털플랫폼정부는 윤석열 대통령의 핵심 공약이다. 그러나 의협 회원
수 10만 명 또한 무시할 수 없는 숫자다.

RISK 나의변호사

플랫폼과 기성 권력의 충돌은 낯설지 않다. 지난 5월 26일
헌법재판소는 로톡에 가입하는 변호사를 막으려는 대한변호사협회의
일부 내규에 위헌 결정을 내렸다. 변호사의 표현과 직업의 자유를
침해한다는 이유였다. 광고를 금지하는 조항 또한 표현이 모호하다는
점에서 문제가 제기됐다. 그럼에도 변협 측은 주요 조항이 합헌이라는
점, 따라서 로톡 등의 플랫폼에 가입하는 변호사 징계를 그대로 진행할
것이라는 점을 밝혔다. 최근 변협은 자체 법률 서비스 플랫폼 '나의
변호사'까지 출시했다. 성형·미용 플랫폼과의 갈등이 심화된다면,
의료계 또한 자체 플랫폼을 내놓을 수 있다.

신양커지(新氧科技)는 2013년 출범한 중국판 성형 뷰티 플랫폼이다.
성형 상담 및 수술 정보 서비스를 제공하며 관련 업체 7000여
개가 등록돼 있었다. 유료 회원은 17만 4000명에 달했고 2019년
나스닥 상장에 성공했다. 그러던 신양커지가 지난해 11월 상장 폐지
절차를 밟았다. 원인은 지난해 6월 중국 국가위생건강위원회의 불법
의료·뷰티 서비스 단속, 11월 국가시장감독총국의 의료 미용 광고
규제에 있다. 한때 글로벌 뷰티 플랫폼으로 승승장구하던 신양커지가
갑작스런 규제로 무너진 것은 한순간이다. 강남언니가 같은 사례를
반복하지 않기 위해 필요한 것은, 무조건적인 규제 완화가 아닌
지금부터의 단계적 조율이다.

©사진: Andre Mouton

INSIGHT 새로운 정의

성형은 양가적이다. 미용이면서도 어쩔 수 없이 의료 영역에 걸쳐
있다. 타투와 비슷하다. 문제는 경각심이다. 타투는 생사를 위협하는
시술이 아니다. 반면 성형 시술·수술은 사고 위험이 다분할 경우가

 성형은 미용일까요, 의료일까요?

많다. 그럼에도 '미용'이라는 단어가 의료적 속성을 가리는 경우가
많다. 강남언니를 비롯한 뷰티 플랫폼 화면에서 뜨는 광고들이 그
결과물이다. '의료'라는 영역의 신성함과 '미용'이라는 영역의 세속성이
충돌하는 탓에 법관은 헤매고, 플랫폼은 매출을 올리고 있다. 온도차를
해결하기 위해선 현행 의료법과 별개의 성형·미용에 관한 법률적
정의가 필요하다. 세속적인 것을 쉬쉬하는 분위기가 오히려 사회를
안전으로부터 멀어지게 한다. "더 좋은 의료 서비스를 누구나 누릴 수
있게"라는 강남언니의 모토는 다음과 같이 수정돼야 한다. "더 유용한
성형 정보를 누구나 누릴 수 있게."

ⓒ사진: Andre Mouton

FORESIGHT 커뮤니티

정보 전달을 표방하는 많은 플랫폼이 유저들만의 자생하는 생태계를
가꾸고 싶어 한다. 강남언니도 마찬가지다. '수다방' 탭에는 성형 질문,
발품 후기, 시술 칼럼 등 종류별 커뮤니티가 마련돼 있다. 병원과의
약속 때문이 아니라, 예뻐지면 자랑하고 싶어서 후기를 쓰는 것이
MZ세대의 속마음이다. 강남언니는 이들의 마음을 잡고 싶다. 정보는

이미 포화다. 수용할 수 있는 정보의 양에는 한계가 있지만 내가 세상에 하고 싶은 말에는 끝이 없다. 그렇기에 뷰티+커뮤니티의 조합은 성공할 수밖에 없는 미래다. 자신을 사랑하고 싶어서 큰 비용과 시간을 들이는 이들이 어쩌면 가장 솔직하게 행복할 수 있는 공간이기 때문이다. ⓣ

  더 많은 이야기는 북저널리즘 라디오에서 만나요!

작가 에이전시 블러썸크리에이티브와 CJ E&M이 IP 제휴 프로젝트 '언톨드 오리지널스'를 공개했다. 구독 모델이 한계에 다다른 현재, IP 확보는 OTT 플랫폼의 새로운 경쟁력이 된다. 스트리밍 시대에 발맞춰 소설을 읽는 방식도, 쓰는 방식도 변하고 있다. __ 이다혜 에디터

DEFINITION 언톨드 오리지널스

• 언톨드 오리지널스(Untold Originals)는 블러썸크리에이티브와
CJ E&M의 IP 제휴 프로젝트다. 블러썸크리에이티브 소속 작가들이
소설을 쓰면 CJ E&M은 그걸 영화로 만든다. 첫 작품은 소설가
배명훈의 신작 〈우주섬 사비의 기묘한 탄도학〉이다.

• 완성된 소설을 영상화하는 것이 아니다. 소설을 기획하는
단계에서부터 영상화 논의도 함께 시작한다. 2차 저작물을 만들고자
소설이 완성될 때까지 기다릴 필요가 없다. 즉 시간 단축이 핵심이다.

• 작가 개인이 아닌 에이전시와의 계약 또한 강점이다. 기존 콘텐츠
작가들은 대다수 프리랜서였다. 작가 개인의 컨디션과 일정에 따른
콘텐츠 생산의 편차가 컸다. 에이전시와 계약할 경우 콘텐츠의 질과
제작 주기의 안정성을 확보할 수 있다.

KEYPLAYER 블러썸크리에이티브

• 블러썸크리에이티브는 '국내 최초의 크리에이터 에이전시'를
표방한다. 블러썸엔터테인먼트의 자회사다. 한국에서 처음으로 문단
작가들을 대거 영입한 에이전시라는 의의가 크다.

• 김영하, 김금희, 김초엽, 박상영, 장류진, 천선란, 김중혁 등의 거물급
작가들이 소속돼 있다.

• 전속 계약을 체결한 작가에겐 담당 기획 PD가 배정된다. 작품 저작권

관리부터 일정 조율까지 각종 지원 업무를 맡는다. 기존 작가들은 개인적으로 일정을 관리하고 출판사를 통해 소통했다. 이젠 시스템으로 편입하고 있다.

• 직접 출판도 한다. 자이언트북스는 2019년 블러썸 출판 그룹이 만든 출판사다. 김초엽의 《지구 끝의 온실》로 인지도를 높였다. 작가 발굴부터 작품 기획, 출판, 2차 콘텐츠 생산까지 기존 문단의 파편적인 업무들을 하나의 프로세스로 묶으려는 움직임이다.

©사진: 자이언트북스

REFERENCE 82년생 김지영

소설과 시나리오의 경계는 옅어지고 있다. 넷플릭스 시리즈 〈보건교사 안은영〉은 정세랑의 소설을 원작으로 한다. 소설가 김초엽의 《지구 끝의 온실》은 올해 2월 콘텐츠 제작사 스튜디오드래곤과 영상화 계약을 체결했다. 재가공된 콘텐츠 덕에 원작이 다시 화제를 얻는 순기능도 있다. 조남주 소설 원작 영화 〈82년생 김지영〉이 대표적이다.

페미니즘 문학으로 이슈가 된 조남주 작가의 소설을 봄바람 영화사 김도영 감독이 영화화했고, 해당 작품이 서울국제여성영화제에서 주목받으며 원작 소설에 대한 관심을 환기했다. 즉 소설의 시나리오화는 문단과 영화계가 윈윈할 수 있는 구조다. 기성 작가 혹은 작품의 고정 팬층이 영상의 시청율을 높여 준다. 그 대가로 작가는 이름을 알리고 수익을 보장 받는다.

RECIPE IP 확보

OTT 대제전도 한풀 꺾였다. 구독 경제는 더 이상 확장성을 띄기 어렵다. 최근 OTT 1일 구독권까지 탄생할 정도다. 플랫폼은 기껏해야 새로운 장르의 콘텐츠를 소개해 이용자 체류 시간을 늘리거나, 구독료를 올린다. 새로운 구독 모델을 발굴하지 못한다면 OTT의 경쟁력은 IP 확보에 있다. 자체 IP를 발굴하거나 크리에이터와 전속 계약을 체결함으로써 콘텐츠 기획에 드는 비용을 긴축하는 것이다.

넷플릭스 하루 이용권이 단돈 600원?

REFERENCE 스포티파이와 탑코

• 스포티파이 ; IP 확보에 집중하는 것은 비단 영상 콘텐츠만이 아니다. 오디오 콘텐츠도 마찬가지다. 오디오 플랫폼 스포티파이의 다니엘 에크 CEO는 최근 생산자와 소비자를 직접 연결하는 '마켓플레이스 도구(marketplace tools)'를 개발하겠다고 밝혔다. 크리에이터들이 직접 오디오북을 큐레이션하고, 팬으로부터 후원받을 수 있는 구조다. 크리에이터 생태계를 통해 IP와 팬덤 경제, 두 마리 토끼를 잡겠단

계획이다.

• 탑코 ; 탑코는 성인 전용 만화 플랫폼 '탑툰'을 운영하는 웹툰
스튜디오다. 지난해 1월 웹소설 플랫폼 노벨피아를 론칭했다. 웹소설
시장은 전통적으로 조아라, 문피아 등의 기성 플랫폼이 견고하다.
리스크가 큰 시장임에도 웹툰 플랫폼이 웹소설에 뛰어든 것은 IP
확대를 위해서다. "가장 원천적인 IP가 소설이다. 글에 상상력이
들어가면 웹툰, 여기서 영상화하면 영화"라는 단순한 논리가 탑코
유정석 대표의 핵심이다. 노벨피아는 현재 월정액 가입자 13만 명을
확보했다.

CONFLICT 등단

• 스트리밍 서비스 왓챠와 스토리 제작사 안전가옥이 올봄 〈2022
스토리 공모전 : 이중생활자〉를 내놨다. '이중 생활'을 주제로 한
텍스트 콘텐츠를 단편 소설, 시리즈 대본, 웹툰 스토리 3개 부문에서
공모 중이다. 참고 사항엔 '모든 수상작에 대해서 왓챠가 웹툰화 및
영상화 작업의 가능성을 우선적으로 타진한다'는 항목이 있다. 콘텐츠
IP를 확보하려는 OTT의 적극적인 움직임이다.

• 문단에서 인정하는 '등단'의 기준은 전통적으로 두 가지였다.
하나는 권위 있는 출판사에서 단행본을 출간하는 것이다. 다른 하나는
권위 있는 문학상을 수상하는 것이다. 위 스토리 공모전은 두 요소
모두 무관하다. 그러나 상금(최대 1500만 원)은 웬만한 기성 문학상
상금만큼 높다.

• 문단과 문학의 권위가 해체되는 과정은 지난 수십 년간 이어진 흐름이다. 그러나 이번 OTT와의 제휴는 그 패러다임을 전환한다는 의미가 크다. 현재까진 문학의 역할과 정체성에 대한 내용적 비판이 주를 이뤘다. 이젠 아예 새로운 생태계를 향한 형식적 제안의 단계다. 문학상은 공모전으로, 등단은 섭외로, 명예는 저작료로 대체되고 있다.

RISK 원작과 2차적 저작물

• 원작 ; 잘 쓴 작품을 잘 가공하는 것은 어렵다. "다시는 나의 작품을 영화화하는 것을 허락하지 않겠다." 체코 소설가 밀란 쿤데라가 자신의 소설을 원작으로 한 영화 〈참을 수 없는 존재의 가벼움〉을 본 뒤 던진 말이다. 반대로 작가 김영하는 본인의 소설을 바탕으로 한 〈살인자의 기억법(2017)〉의 시나리오를 처음 읽고선, 일부러 의견을 남기지 않았다고 밝힌다. 즉 작가는 가공물이 원작을 해할까 염려한다. 감독은 영화의 언어를 모르는 원작자가 개입하는 걸 두려워한다. 그렇기에 2차 가공물의 성공은 단순 흥행의 문제가 아니다. 무리인 것을 알면서도 완전히 다른 두 언어를 조심스럽게 번역하는 과정이다.

밀란 쿤데라의 영화, 대체 얼마나 못 만들었길래?

• CJ E&M ; 거대 자본은 손쉽게 기존 생태계를 교란한다. 대표적인 사례가 CJ E&M 산하 엠넷(Mnet)이 기획한 〈쇼미더머니〉와 〈스트리트 우먼 파이터〉다. 거대 방송 플랫폼이 난입한 결과는 소수의 스타 탄생과 남겨진 서브컬처의 분열이었다. 지난 4월 해체한 하이라이트레코즈는 언더그라운드 시절을 함께한 비프리, 오케이션 등의 랩퍼와 함께 화려한 출발을 알린 레이블이다. 그러나 지나친 방송

노출과 대기업의 힙합 씬 개입으로 이들이 떠나며 어려움을 겪기도 했다. 이번 블러썸크리에이티브와 CJ E&M의 제휴에서도 한국 문단의 젠트리피케이션 우려를 배제할 수 없다. 블러썸크리에이티브와 계약을 체결한 작가들은 이미 네임드다. 모회사 블러썸엔터테인먼트는 연예 기획사. 작품과 작가를 대하는 가치관이 기존 출판 업계와 완전히 다를 수밖에 없다. 과거엔 기성 작가 혹은 대형 출판 그룹이 문단 내 권력을 형성했다면, 이젠 그 역할을 거대 에이전시가 꿰차고 새로운 장벽을 형성할 수 있다. 무명 작가와 소형 출판사들이 빛을 발하기 어려운 문단의 구조적 난제는 제자리를 맴돈다.

©사진: 스트리트 우먼 파이터

INSIGHT 작법

소설 작법의 패러다임 자체가 변하고 있다. 기존에는 감정 표현이나 풍경 묘사에 힘을 줬다. 이제는 캐릭터와 서사를 강조하는 식으로 변모하고 있다.

• 일부러 2차 가공이 수월한 소설을 쓰는 경우도 있다. 배명훈 작가는 《경향신문》 인터뷰에서 다음과 같이 밝혔다. "영상화를 염두에 두고

썼기에 재미있는 캐릭터를 많이 만들려고 했다." 서사는 단순하게, 캐릭터는 입체적으로 만들수록 재밌는 시나리오가 된다.

• 의도가 아닌 습성이기도 하다. 현대 소설의 생산자들은 비주얼 콘텐츠에 익숙한 스트리밍 세대다. 내면을 분석하고 묘사하는 것보다 사건을 덩어리로 만들고 하나의 타임라인으로 이끌어가는 것을 잘한다. 이상과 김승옥이 치열하리만큼 인간의 내면을 파고들었다면, 김영하와 김초엽은 우리를 완전히 새로운 시공간으로 유인한다.

• 독자들 또한 스트리밍 세대다. 영화처럼 읽히는 소설에 환호한다. 결국 영상이 지금 대중의 취향을 만들었고, 대중의 취향을 반영한 소설이 인기를 얻었으며, 그 소설들이 영화로 재탄생하고 있다.

FORESIGHT 에이전시

아이돌 그룹이 국내에서 붐을 일으키기 시작한 1990년대, 음악의 정체성에 대한 질문과 비판이 잇따랐다. 개인이 작사와 작곡을 도맡아 손수 음악을 만들던 시대는 결국 한차례 저물었다. 자본과 욕망의 공장식 생산물이라 비판받던 K-팝도 어느새 하나의 음악 장르로 인정받기 시작한 지 오래다. 소설도 마찬가지다. 아이돌 그룹을 양성하듯, 글쓰기에 재능을 보이는 어린 작가들을 발굴하는 것은 어렵지 않다. 특정 장르에 두각을 보이는 작가들을 범주화해 작가 그룹을 형성할 수도 있다. 여러 작가의 글을 하나의 작품집으로 모아 놓은 앤솔러지물의 계획된 버전이겠다. 개인에게 의존하던 창작의 영역은 정교한 공정으로 발전하고 있다. 에이전시의 시대는 머지 않았다. ❼

  (더 많은 이야기는 북저널리즘 라디오에서 만나요!)

맥파이 브루잉 컴퍼니는 한국에 좋은 맥주 문화를 선보이고자 2011년 이태원 경리단길에서 탄생했다. 현재 서울 용산점과 제주 탑동점에서 만나볼 수 있으며, 제주 양조장 & 탭룸을 함께 운영 중이다.

주상헌 커뮤니케이션 매니저는 브랜드와 소비자를 연결짓는 일을 하고 있다. 맥파이의 목소리를 책임지며 맥파이의 핵심 가치인 3C (Craftsmanship, Community & Culture)를 널리 알리고자 노력 중이다.

＿ 이다혜 에디터

코딩 일을 그만두고 맥파이에 합류할 정도로 맥주에 진심이었나.

한국에서 컴퓨터 공학을 전공하고 졸업 후 잠깐 미국 스타트업에서
관련된 일을 했다. 맥파이는 미국에 가기 전 2014년도부터 손님으로
오면서 알고 있었다. 한국에 돌아왔을 때 우연히 맥파이 이태원
매장에서 비어 서버로 일을 시작했다. 단순히 맥주를 파는 것 외에
맥파이가 세상에 선보이고자 하는 이야기와 재밌는 활동들이 좋았고
새로운 기회가 주어지면 놓치지 않았다. 현재는 커뮤니케이션 매니저로
맥파이의 목소리를 책임지고, 맥파이와 소비자를 연결하는 일을 하고
있다.

맥파이를 간략히 소개해 달라.

맥파이 브루잉 컴퍼니는 2011년 이태원경리단길에서 시작했다. 외국인
동네 친구 네 명이 맥주 중심의 커뮤니티 공간을 만들자는 취지로
오픈한 공간이 현 이태원 매장이다. 맥파이(magpie)는 한국어로
'까치'란 뜻이다. 좋은 소식을 가져다주는 까치처럼, 한국에 좋은
맥주 문화를 선보이고자 한다. '3C : Craftsmanship, Community &
Culture'의 세 가치를 중심으로 맥주를 만들고 다양한 활동을 하고
있다.

'겨울방학', '아홉수' 등 맥주 이름들이 독특하다.

우리는 소비자에게 맥주를 '잘 전달하는 것'에 정성을 들인다. 그러기
위해 맥주마다 고유의 퍼스널리티(personality)를 부여하고 맥주의
레시피, 네이밍, 비주얼화 등의 과정에 모든 팀 구성원들이 관여한다.

예를 들어 동네친구(Old Pals Pils)라는 필스너 스타일의 맥주가 있는데, 기존 필스너보다 홉의 존재감이 풍부하고 아로마가 향긋해 몇 잔을 마셔도 쉽게 질리지 않는다. 어제 봐도 오늘 또 보고 싶은 매력이 있다는 점에 착안해 '동네친구'라는 맥주로 네이밍했다. 현재 맥파이에서 가장 잘 나가는 친구 중 하나다.

> 이름이나 재료, 디자인에 한국적인 요소가 많다. '십년감수' 디자인은 십장생도에서 영감을 받고, 제주 한라봉을 사용해 '빙삭빙삭'을 만들었다. 일부러 전통적인 요소를 넣는 것인가?

매번 일부러 전통적인 요소를 찾아 넣는다고 하기는 어렵다. 다만 전통적인 것과 독창적인 것을 만드는 데에 기발한 밸런스를 찾고자 한다. 맥파이 팀은 우리가 습득한 로컬 재료나 문화를 맥주로 표현하고 구체화하는 것을 즐기는 DNA를 타고났다. 반대로 글로벌 트렌드를 맥파이의 스타일로 소화해 한국 맥주 팬들에게 선보이는 것도 무척 좋아한다.

> 협업을 참 잘한다. 타이포그래피 아티스트나 라이프스타일 스토어 등 다양한 곳과 협업을 진행하던데.

여러 형태의 협업이 있지만, 맥파이는 단순히 두 브랜드의 로고를 새겨 넣는 것보다 더 많은 가치를 만들 수 있다고 생각한다. 진정성 있는 콜라보레이션은 두 브랜드가 서로의 제품에 대한 존중과 창조 정신을 공유할 때 일어나기 마련이다. 맥파이는 맥주 산업을 뛰어넘어 3C의 가치를 공유하는 브랜드를 찾고자 한다. 협업을 포함해 재미있는 일이 있다면 언제든 함께할 준비가 되어 있다.

©사진: Magpie Brewing Co.

최근엔 블리자드 엔터테인먼트와도 협업했다. 게임 회사와의 조
합이 신선하다.

'디아블로2'라는 게임은 세대를 막론하고 많은 이들이 즐기는
게임이다. 일반적으로 떠올리는 게임 이미지보다는, 세계관이
있는 디아블로와 맥파이의 어센틱(authentic)한 요소를 합치는
협업으로 참여할 수 있었다. 디아블로2 게임에는 다섯의 대표
악마들이 있다. 예를 들어 첫 보스인 안다리엘(Andariel)은 독이 주된
공격이라 초록빛의 맥주와 재료에 호불호가 있는 민트 초콜릿을
사용했다. 개인적으로 가장 기억에 남는 맥주는 세 번째 악마인
메피스토(Mephisto)인데, 번개를 뿜어 내는 악마에서 영감을 얻어 사워
맥주(sour beer)로 만들었다. 총 다섯 종류의 맥주를 세트로 만들었고,
서로 다른 산업 간의 협업이 너무 재미있었다. 협업 기회를 만들어준
블리자드 코리아 팀에게 다시 한 번 감사의 인사를 드리고 싶다.

우리는 뭘 하든 창조하는 것을 좋아한다. 맥파이 핵심 가치 3C 중 'Craftmanship'과 관련 있다. 초창기에는 실크 스크린 포스터도 제작했었다. 하지만 최근 사람들이 공감하고 공유하는 방식은 디지털 세상으로 많이 옮겨 갔다. 맥파이도 경험 위주의 인터랙티브한 디자인을 요즘 방식으로 만들고 싶었다. 말씀하신 '현무암' 맥주 포스터는 인스타그램 필터로 AR(Augmented Reality·증강 현실)을 활용했다. 처음엔 '이걸 누가 좋아해?'라고 생각했는데, 이태원 매장에 현무암 AR 포스터를 붙여 놓으니 생각보다 많은 손님들이 재밌어 하시더라. 단순히 맥주를 넘어 맥파이 커뮤니티 속에서만 공유할 수 있는 체험은 어떤 것이든 시도해 보고 싶다.

'봄마실' 캔을 잡는 순간, 스크린 속에서 펑 하고 꽃다발이 생겨나는 AR을 상상해 봤다. 구현이 가능할지는 모르겠다. 현재 AR을 활용하기 가장 쉬운 방법은 인스타그램 필터인데, 주류 품목에 한해서 메타 측이 걸어 놓은 제한이 상당히 많다. 맥파이만의 디자인을 즐기기 위한 색다른 방법을 제시하는 것인데, 법적 한계가 있다는 점이 아쉽다.

여기저기서 쏟아지는 영감을 수합하고 선별하는 일이 우리에겐 즐겁다. 요즘 맥주는 장르 간 경계를 뛰어넘어 전에 없던 스타일들이 많이 나오는 것 같다. 전통적인 맥주도 있는 반면 가공 방식이나 재료 면에서 새로운 것들이 많이 나오고 있다. 이런 글로벌 트렌드를 로컬 문화와 결합해 한국 맥주 시장에 잘 소개하고 싶다.

10주년 행사를 진행 중인 맥파이 이태원 매장 ©사진: Magpie Brewing Co.

최근 이태원 매장에서 10주년 기념 행사를 열었다. 어떤 행사였나.

말 그대로 맥파이의 10주년을 축하하는 생일 잔치였다. 10주년 맥주 '십년감수', 기념 티셔츠, 라이브 DJ 음악과 친구 레스토랑의 음식 등 이 지역 사회를 구성하는 모두가 함께 즐기는 자리였다. 맥파이가 위치한 경리단길은 젠트리피케이션과 코로나 시기를 겪으며 유동 인구가 많이 줄었는데 이번 10주년 생일 잔치에 엄청난 인파가 몰려 감동적인 광경이었다. 사회적 거리두기가 풀리는 시점과 함께 화창한 날씨가 맞물려, '이제는 이벤트가 필요해'라는 시점이었던 것 같다. 이

동네에서 맥파이가 그 뚫어뻥 역할을 했다고 생각한다. 10주년 맥주도 전부 소진되어 버렸다. 맥파이 커뮤니티 한 분 한 분께 정말 감사했다.

맥파이 커뮤니티는 누구를 지칭하나?

우리에게 커뮤니티는 굉장히 커다란 개념이다. 맥파이 팀 구성원뿐 아니라 맥파이 맥주를 마시는 손님들, 함께 협업하는 작가들, 도매를 통한 외부 유통 등 맥파이와 직접적으로 소통하는 개인부터 우리가 함께 성장하려는 지역 사회까지 통으로 커뮤니티라 생각한다.

오로지 맥주만 판매한다. 다른 주종엔 관심이 없나.

술 좋아하는 사람은 당연히 다른 주종에도 관심이 많다. 설비나 라이센스로 인해 한계가 있지만 외부 협업을 통해 다른 주종이나 논알콜 등으로 범위를 넓혀나가고 싶다. 맥주를 가장 잘해야 하지만 다양한 행보를 기대해 달라.

새롭게 시도하고 싶은 것이 있는지 궁금하다.

맥파이 맥주를 제공하는 페스티벌을 크게, 제대로 하고 싶다. 아직은 비밀 프로젝트지만, 제주 양조장 근처 로컬분들과 열심히 친분을 쌓는 중이다. (웃음)

크래프트 열풍이 뜨겁다. 맥파이가 생긴 10년 전과 다르게 이제는 수제 맥주가 편의점에까지 침투하고 있는데, 맥파이만의 차별점은 무엇인가.

맥파이는 굉장히 두터운 팬층이 존재한다. 단순히 맥파이의 맥주뿐만 아니라 서비스, 디자인, 스토리텔링 등 다양한 가치에서 공감하는 분들이다. 그에 걸맞게 맥파이 팀도 맥주 이상의 가치를 제공하려고 노력한다. 국내 크래프트 맥주 열풍 이면에 숨은, 크래프트만이 주는 특별한 가치를 제공하고 싶다. '수제'는 'craft'의 한국어 번역에서 출발한 것인데 그 정의가 무엇인지 고민하는 것이다. 더 미친 걸 만들어야 크래프트인가, 더 근본적인 걸 만들어야 크래프트인가. 그 와중에 맥파이스러움이라는 걸 어떻게 유지할 수 있는가. 유행에 휘둘리지 않고 브랜드로서 성숙한 모습을 보여 주고 싶다.

맥파이 제주 양조장 ⓒ사진: Magpie Brewing Co.

'10 years of good beers'를 표방한다. 맥파이가 생각하는 좋은 맥주란 무엇인가.

어려운 질문이다. 우리는 맥주가 사람들이 함께 시간을 보내고, 즐기고, 축하할 수 있도록 도와주는 사회적 연결고리 역할을 한다고 생각한다. 맥주만 있으면 누구든 좋은 시간을 보낼 수 있고, 그게 바로 우리가 중요하게 생각하는 일이다. 그런데 '굿 비어'는 정의가 어렵다. 단순히 맛있어도 굿 비어지만 맛 이외에 좋은 맥주가 할 수 있는 역할이 무궁무진하다. 아까 말한 맥파이 커뮤니티와 연결되는 얘기다. 예를 들어 패션 브랜드 이세(IISE)와 타투이스트 아프로 리(APRO LEE)와 협업한 맥주 '토닥토닥'의 수익금을 자살 예방 사업에 기부했다. 재작년 조지 플루이드 사건을 화두로 전 세계 1000여 개의 양조장이 '블랙 이즈 뷰티풀(Black is Beautiful)'이라는 맥주를 만들었을 때, 맥파이도 이에 동참했고 판매 수익 전액을 기부했다. 이들 모두 소중한 맥파이 커뮤니티인 동시에, 이들과 함께 크고 작은 행보를 만들어 가는 것이 우리에겐 좋은 맥주가 되기 위한 노력이다.

현재 주력하는 분야가 있다면 말해 달라.

모든 것에 주력한다. (웃음) 개인적으로는 브랜드 확장에 관심이 많다. 특히 맥파이의 3C(Craftsmanship, Community & Culture)를 중심으로 가치를 공유할 수 있는 어떤 것이든 주력하고 싶다. 그래서 '우리가 지금 하고 있는 일을 더 잘하자'로 말하고 싶다. 지난 10년간 국내 수제 맥주 시장은 다채롭게 변했고, 해외 맥주 시장에도 흥미로운 변화가 많이 일어나고 있다. 그만큼 맥파이가 소개할 수 있는 것도 정말 많아질 것 같다. 빠른 변화 속에서도 '맥파이스러움'을 잘 지켜나갈 수 있도록 노력하겠다.

《스레드》독자들에게 요즘 마시기 좋은 맥주를 추천해 달라.

'첫차'는 대한민국에서 가장 잘 만든 맥주 중 하나다. 가장 오래된 맥파이 시즈널 맥주 중 하나로, '막차'라는 맥주에 프린츠 커피 원두를 넣어 만들었다. 싱글 오리진 원두를 알리는 맥주는 세계에 몇 없다. 그만큼 자부심이 크고, 커피 문화와 맥주 문화를 연결지어 알리고 싶은

맥주다. 개인적으로는 '동네친구'도 추천한다. 어제 마셔도 오늘 또
마시고 싶은 맥주다.

앞으로는 어떤 맥주들을
출시할지 기대돼요!

왼쪽 페이지 위부터 시계 방향으로
맥파이 이태원 매장 ⓒ사진: Magpie Brewing Co.
블리자드 엔터테인먼트와의 협업으로 진행한 수제 맥주 컬렉션 ⓒ사진: Magpie Brewing Co.
맥파이 브루어리 메인 로고 ⓒ사진: Magpie Brewing Co.
시즈널 비어 '웅기종기(SOUNDS GOOD!)' 포스터 ⓒ사진: Magpie Brewing Co.

MAGPIE
BREWING
CO.

롱리드는 단편 소설 분량의 지식 콘텐츠예요. 깊이 있는 정보를 담아요.
내러티브가 풍성해 읽는 재미가 있어요.
세계적인 작가들의 고유한 관점과 통찰을 만나요.

그 공포를 설명할 방법이 없다

세계적인 작가이자 영화감독인 에마뉘엘 카레르에게 우울의 덫이
찾아왔다. 예순이 다 된 나이에 양극성 장애 진단을 받은 저자는, 이
병과 싸워 살아남았다. 그러나 그 과정에서 그의 모든 것이 산산이
부서지고 말았다. __ 에마뉘엘 카레르

©사진: 에마뉘엘 카레르

거의 예순이 다 된 나이에 이르러서야 자신에게 어떤 질환이 있다고 진단을 받는다는 것은 충격적인 일이다. 심지어 이름도 모르는 그 질병 때문에 평생을 고통받아왔음에도 불구하고 말이다. 이런 경우 일반적인 첫 반응은 그 질병에 저항하는 것이다. 나도 저항했다. 양극성 장애란 어느 날 갑자기 유행하기 시작한 개념들 가운데 하나이며, 거의 모든 것에 갖다 붙일 수 있는 병명이라면서 말이다. 그다음 단계는 그 주제에 관해 찾을 수 있는 내용들을 모두 찾아서 읽어보고, 습득한 지식에 기반하여 자신의 인생 전체를 재평가해보는 것이다. 그러고 나면 바로 그 질병에 해당한다는 사실을 비로소 깨닫게 된다. 완벽하게 일치한다는 것을 말이다. 사람들은 평생을 살아가면서 흥분감과 우울감이 교대로 찾아오며, 그것은 우리 모두의 운명이다. 왜냐하면 우리 모두의 기분은 늘 바뀌는 데다, 누구나 기분이 좋을 때도 있고 안 좋을 때도 있으며, 하늘은 맑게 갤 때도 있고 먹구름이 잔뜩 낄 때도 있기 때문이다. 다만 우리가 속한 인구집단 가운데 2퍼센트의 사람들은 기분이 좋을 때는 평균치보다 더 좋고 안 좋을 때는 평균치보다 더욱 안 좋게 떨어지기도 하며, 그것이 계속해서 이어지면 병적인 상태에 이르기도 한다.

양극성 장애는 90년대까지만 하더라도 '조울병(manic depressive psychosis)'이라고 불렸는데, 처음에는 이러한 설명이 나와는 맞지 않는 것처럼 보였지만, 어쨌든 당시 나의 증세는 그중에서도 "조증(manic phase)"과 관련이 있었다. 조증 상태란 예를 들자면 사람들이 길거리에서 옷을 벗거나, 갑자기 페라리 3대를 구입하거나, 또는 이야기를 들어줄 사람이라면 누구에게든 다가가서 3차 세계대전으로부터 인류를 구원하기 위해서는 엄청나게 많은 구아바를 먹어야 한다고 열렬히 설명하는 상태를 말한다. 예전에 나는 그런 젊은이를 한 명 알고 있었는데, 그는 일단 그런 위기가 지나가고 나면 자신이 그랬다는 사실에 아연실색하곤 했다. 그는 결국 스스로 목숨을 끊었다. 양극성 장애를 가진 사람들 가운데 최대 20퍼센트 정도는 그런 선택을 하는 것으로 보인다. 나는 총명했으며 절망적이었던 그 젊은이가 안타까웠다. 그리고 설마 내가 그 청년과 동일한 장애로 고통받으리라는 생각은 전혀 하지 못했다. 물론 나에게는 우울증 증세가 있었다. 공허함을 느끼는 건 자주 겪는 일이다. 그러나 나는 여기에 더해서 두 가지의 단계로 진행되는 진짜 심각한 우울증을 겪어 왔다. 이러한 증세는 몇 달 동안이나 이어지는데, 이 기간이 되면 자리에서 거의 일어날 수도 없고, 아주 간단한 일조차도 처리할 수 없으며, 무엇보다도 최악인 것은 상황이 바뀌리라는 생각이 들지 않는다는 것이다.

우울증의 특징이 바로 언젠가는 나아지리라는 희망이 없다는 것이다. 친구들은 좋은 뜻으로 이렇게 말하곤 한다. "괜찮아질 거야, 두고 봐." 그러나 당신은 그들을 실망스럽게 바라볼 뿐이고, 심지어 그들을 원망하기까지 한다. 그저 하나 마나 한 말뿐이기 때문이다. 그들은 분명, 전혀 감을 잡지 못하고 있다. 당신이 일단 우울증에 빠지면 절대 벗어날 수 없다고 생각하게 된다는 것을 말이다.

당신이 살아서 그 상황을 빠져나가지 못할 거라고, 유일한 탈출구는 자살뿐이라고 생각한다는 것을 말이다. 그러나 극단적인 선택을 하지 않고 견딘다면 조만간 그런 상태에서 빠져나올 것이며, 일단 그런 상황에서 벗어나서 좋은 친구들과 함께하게 된다면 그토록 참을 수 없고 끝이 없어 보였던 고통의 상태는 더 이상 상상도 할 수 없는 먼 이야기가 된다.

어렸을 때 나는 실수로 환각성 버섯을 먹어본 적이 있다. 지옥에라도 다녀오는 듯한 경험이었다. 말 그대로 끔찍하면서도 절대 끝나지 않는 고통이었던 것이다. 그런데 나는 악몽을 꾸면서도 나 자신에게 이렇게 말했다. "당황하지 마. 나는 독을 먹긴 했지만, 버섯이 다 소화되면 효과는 사라질 거야. 8시간이나 10시간만 지나면 끝날 테니까, 그때까지만 버티면 돼." 나는 스스로를 안심시키기 위해 이런 말을 했는데, 그것은 합리적이기도 했고 사실이기도 했다. 그런데 동시에 나는 이런 걱정이 들었다. "내가 과연 그때까지 버틸 수 있을까? 8시간이나 10시간이 지났을 때도 내가 과연 살아 있을까?"

나는 그걸 이겨냈다. 그리고 일단 살아나서 이런 지옥의 상태를 어느 정도의 거리를 두고 바라보면, 당시의 공포를 금세 잊게 된다는 사실을 알게 되었다. 루이-페르디낭 셀린느(Louis-Ferdinand Céline)는 《밤 끝으로의 여행(Journey to the End of the Night)》에서 이렇게 표현했다. "삶의 어느 부분에서든 가장 커다란 패배는 잊어버리는 것이며, 특히 당신을 힘들게 했던 상황을 잊는 것이다." 아무튼, 개인적으로는 불행하게도, 나는 우울증이 낯설지 않다. 그러나 내가 처음 정신과 상담을 받을 당시에도 알지 못했던 사실이 있었다. 양극성 장애의 정의에 따르면, 우울증의 정반대 극성(pole)이 반드시 엄청난 행복감이나 완전한 탈억제(disinhibition) 상태를 의미하지는 않는다는 것이었다. 즉, 양극성 장애라고 해서 반드시 사회적 자살행위(social suicide)나 때로는 자살 그 자체로 이어질 정도의 심각한 상태에서 극도의 희열감을 느끼는 경지로 급격하게 올라가는 것은 아니다. 그보다는 오히려 정신과 의사들이 경조증(hypomania, 가벼운 조증)이라고 부르는 상태를 경험하는 경우가 더 많다. 이는 쉽게 말하자면 당신이 바보처럼 행동하지만 터무니없는 바보처럼 보이지는 않는다는 것이다.

이런 유형을 '제2형 양극성 장애(bipolar II disorder)'라고 부른다. 불안함을 느끼지만, 크게 기쁨을 느끼는 일도 없다. 오히려 때로는 매력적이고, 이성에게도 적극적이며, 매우 섹시하고, 겉으로는 매우 활기가 넘치는 것처럼 보인다. 그러나 어떤 결정을 내렸을 때 나중에 가장 크게 후회하는 경향이 있다. 그럼에도 불구하고 자신이 옳았으며 그러한 결정을 절대로 철회하지 않을 것이라고 확신하지만, 그 이후에는 정반대의 확신이 들면서 자신이 할 수 있는 일 중에 최악의 선택을 했다는 사실을 깨닫는다. 그리고 그것을 시정해보려 노력하지만, 오히려 상황은 더욱 악화하기만 할 뿐이다. 한 가지 생각을 하다가 정반대로 생각하고, 한 가지를 했다가 다시 정반대로 하는데, 이런 상황이 무서울 정도로 계속해서 이어진다. 그러나 만약에 당신이 나와 비슷하고 스스로를 분석하는 일에 익숙하다면, 최악의 사실은 일단 양극성 장애의 진단을 받고 기분의 두드러진 변화가 실제로 확인되고 나서야 과거에 자신이 그랬었다는 사실을 뒤늦게 깨닫는다는 점이다. 이렇게 뒤늦게 깨달아봐야 별 소용이 없다. 내가 어떻게 생각하든, 말하든, 행동하든 아무런 상관이 없다. 한 사람 안에 서로에게 적대적인 두 명의 자아가 존재하기 때문에 더는 자기 자신을 믿을 수 없게 되는 것이다.

병과 함께 삶이 무너졌다.

그것은 충분히 예견된 일이었다. 왜냐하면 조증의 흥분상태가
있으면 그 이후에는 예외 없이 우울증에 빠지기 때문이었다. 끔찍한
기간이다. 첫 번째 단계에 있던 나는 새로운 책과 새로운 삶에 대한
기대감으로, 그리고 수많은 가능성과 성취감에 대한 충만함으로
마냥 신이 났다. 나는 파리의 포부르 푸아소니에르 거리(Rue du
Faubourg Poissonnière)에 있는 상당히 멋진 아파트를 빌렸다.
블루투스 스피커를 구입했고 음악 스트리밍 서비스인 디저(Deezer)에
가입했는데, 아주 묘하지만 이 두 가지가 내 새로운 삶을 대표하는
특성이라고 생각했다. 그러나 결국 나는 한 마리의 쥐가 된 것처럼
외로워졌다. 만나는 여자도 없었다. 어쩌다 여자를 한 명 집에 데려와도
성 기능은 무기력했다. 나의 목덜미에는 비듬이 가득 내려앉았고,
성기에는 포진이 뒤덮였다. 불과 몇 주 전만 하더라도 아주 정확했고,
매우 필요했으며, 충분히 해낼 수 있었던 글쓰기 프로젝트에 대한 모든
믿음을 잃어버린 채 아무것도 쓸 수 없었다. 그저 나에게 무슨 일이
일어나고 있는지를 설명하는 것만이 나의 지상과제처럼 느껴졌다.
문제는 그런 상태가 되면 내가 무슨 일을 겪고 있는지 알 수 없으며,
그렇기 때문에 나 스스로는 물론이고 그 누구에게 그 어떤 것도 제대로
설명할 수 없게 된다는 것이다.
　　　산다는 건 하나의 이야기이다. 그러나 그런 상태가 되면
나에게는 이야기라고 할 만한 것이 없어진다. 나의 삶은 끔찍한 땀으로
범벅이 되는 침대와 흐리멍덩한 상태로 줄담배만 피우며 몇 시간을
보내는 카페 르 랄리(Café Le Rallye) 사이에 있는 비좁은 길 위로
축소된다. 요즘에도 이 카페를 지날 때면 몸서리가 쳐진다. 거의 두 달
동안 나는 거의 씻지도 않았고 옷도 갈아입지 않았다. 욕조가 막혔지만

고치려는 노력도 하지 않았다. 심지어 침대에 갈 때조차도 우울증 걸린 남자처럼 입은 의상을 갈아입는 경우가 거의 없었다. 아무런 개성 없는 코듀로이 바지, 구멍투성이의 낡은 스웨터, 그리고 끈이 없는 운동화 차림 그대로였다. 운동화에 끈이 없는 이유는 마치 정신병원에서 혹시 일어날지도 모를 불의의 사고를 예방하기 위해서 조처를 하는 것처럼 나 스스로 그것을 없앴기 때문이었다. 떨림이 멈추지 않았고, 손에서는 물건들이 떨어지기 일쑤였다. 냉장고에 요거트 병을 넣으려고 하면 미끄러져서 부엌의 바닥에 떨어져 깨졌다. 요거트를 겨우 다룰 수 있게 된 어느 날에는 쌍둥이자리를 본뜬 작은 조각상을 옮기고 싶었다. 마치 제단처럼 선반 위에 올려놓고 있었던 것인데, 불과 몇 센티미터 옮기자마자 그것 역시 떨어트리고 말았다. 산산조각이 났다. 나는 적어도 한 시간 동안 그 자리에 가만히 서 있었다. 마룻바닥의 두 발 사이에 흩어져 있는 내 사랑의 비밀스런 상징이었던 테라코타 조각들을 가만히 바라보았다. 그리고 이렇게 생각했다. 저게 바로 너야. 이보다 더 확실하게 말할 수는 없었을 거야. 모든 것이 부서졌어. 아무것도 고칠 수 없어. 모든 게 끝났어.

©사진: Serge Mouraret/Alamy

입원, 싸움은 그만한다.

생트안(Sainte-Anne) 정신병원에서의 입원 생활은 넉 달 동안 지속되었다. 내 앞에 있었던 의료기록은 이런 요약내용으로 시작하고 있었다. "우울병 요소 및 자살에 관한 생각 등 제2 유형 양극성 장애의 맥락에서 볼 수 있는 특유의 우울 에피소드(depressive episode)." 그리고 좀 더 밑으로 내려가면, 환자의 입원 당시에 대한 설명이 있었다.

"안면은 무표정과 슬픈 표정이지만 정서적 반응은 있는 중간 정도의 정신운동지연(psychomotor retardation). 허탈감, 성욕장애, 무의지, 상당한 정신적 고통, 일상적인 활동을 수행하면서 초래된 정신적 그리고 신체적 피해를 동반한 무력감. 미래에 대한 기대 하락 및 치료불가능 의식을 가진 우울병 요소. 과도한 곱씹기(rumination), 사랑했던 사람들에 대한 죄책감, 반복적인 자살 충동 등."

심리학 용어들을 잘 알지 못하더라도 나의 상태가 좋지 않다는 사실은 쉽게 알 수 있다. 약간의 차이를 설명하자면, "상당한 정신적 고통"은 우려스러운 것이긴 하지만 "극심한 정신적 고통"보다는 덜한 것이다. 그리고 나는 곧 이러한 상태를 경험하게 된다. 하지만 이조차도 "견딜 수 없는 정신적 고통"에 비하면 덜 우려스러운 편이다. 나는 그 상태도 경험을 했지만, 그 다음의 네 번째 단계가 있을지도 모른다. 나의 상태는 이미 보잘것없었지만, 지난 며칠 사이에 더욱 악화되어 있었다.

그전까지 나의 상태는 하루하루 매시간이 지나면서 불안증(agitated) 수준에서 긴장증(catatonic) 단계로 발전했다. 이런 나의 상태를 보고 깜짝 놀란 여동생 나탈리(Nathalie)가 나를 위해 생트안 정신병원에 진료 예약을 해주었다. 그래서 우리는 종합병원

지구의 가장자리에 있는 현대식 건물의 꼭대기 층으로 올라갔다. 우리는 흰색 가운을 입은 60세의 친절한 의사 앞에 앉았다. 그는 두 눈은 밝은 푸른색이었으며, 목소리에는 거물(bigwig)들의 특징이라고 할 수 있는 조용한 권위가 실려 있었다. 비록 소물(little wig)의 특징이 무엇인지에 대해서는 어느 누구도 말을 하지는 않지만 말이다. 내가 의료기록에 적힌 상태 그대로라고 생각한 그는 아무런 망설임 없이 나를 입원시키기로 했다. 나는 집으로 돌아가지 않았고, 그들이 나를 침대로 데려갔다. 얼마가 될지는 모르지만 우리는 그곳에서 상태를 지켜보아야만 했다.

　　　의사는 나의 증세에 관해서 자세히 설명했는데, 그것은 성인이 된 이후의 내 삶을 지배해 왔던 신경증(neurosis)과는 매우 다른 것이었다. 중요한 것은 그것의 기원을 밝혀내거나 또는 내가 왜 평생을 머릿속에 그렇게나 많은 쓰레기를 넣고 다녔는지를 파악하는 것이 아니었다. 내가 아프다는 것이 중요했다. 마치 내가 뇌졸중이나 복막염에 걸린 것처럼 아프다는 것이었다. 그래서 의료진은 나를 침대에 눕혀 놓고 적절한 치료법을 찾을 계획이었다. 그리고 그들은 아직까지는 자신들도 어둠 속에서 손을 더듬거리고 있으며, 나에게 꼭 맞는 치료법을 찾아내지 못할 수도 있다는 사실을 숨기지 않았다. 거물이 말했다. "그렇지만 우리는 그걸 찾아낼 때까지 당신을 위험으로부터 보호할 수 있습니다. 그리고 가능한 한 빨리 퇴원할 수 있게 해드릴 테니 걱정하지 마세요." 나는 이 말을 들으면서 안도의 한숨을 내쉬었다. 나는 아프다. 나는 누워 있게 될 것이다. 싸움은 그만할 것이다. 모든 게 잘 풀리도록 내버려 두자. 이 사람들이 나를 돌봐줄 것이다. 우선은 커다란 주사를 맞게 될 것이다.

케타민이라는 구원

다시 의료기록으로 돌아가 보자. "주 2회 케타민(ketamine) 투약 프로그램 포함. 처음 세 차례 투여 시에 약물에 대한 부작용이 없고 조울증 개선." 잘 모르는 사람들을 위해 설명하자면, 케타민은 원래 말 마취제이지만 사람들이 일종의 마약처럼 사용하는 약물이며, 최근에는 항우울제로 사용되는 경우도 많이 볼 수 있다. 정신의학 약물에 대해서 내가 아는 지식은 이것이 전부이다. 아무튼 각 치료의 전후에는 살고 싶거나 죽고 싶은 욕구, 자살 충동, 미래에 대한 절망 등의 내용이 적힌 질문지에 답변을 적었다.

첫 번째 투약은 정확히 40분이었다. 그리고 투약이 끝나자 진짜로 끝이었다. 한 순간에서 다음 순간으로 넘어갔다. 투약을 하는 40분 동안은 최고로 기분이 좋은 상태였다. 침대에 누운 자세에서 나는 의식을 되찾았다. 완벽하게 의식을 되찾은 상태를 유지할 수 있었다. 시간이 흐르는 것을 느낄 수 있었다. 의사와 간호사가 소곤소곤 말하는 소리도 들을 수 있었다. 그런데 어쩐지 나는 그들이 나보다 아래쪽에 있다는 느낌을 받았다. 나는 공중 위에 떠 있고 그들은 저 아래의 풍경 어딘가에 있는 것 같았다. 나는 공중에 떠 있었다. 나는 떠다니고 있었다. 모든 것들이 보였다. 나는 완벽하게 침착했으며, 완벽하게 멀쩡했다. 나는 그 상태가 영원히 지속되기를 바랐다. 임사(臨死) 체험을 하면 이런 기분일 것 같았다. 물론 헤로인을 복용했을 때도 비슷하게 설명할 수 있을 것이다. 헤로인을 절대 손대지 말아야 하는 이유는 그것이 지나치게 기분을 좋게 해주기 때문이다. 생트안 병원에 입원해 있다는 사실이 좋았다. 그렇게 놀라운 약물을 맞을 수 있으니 말이다. 나는 기분이 좋았다. 처음의 세 차례 투약 이후에도 나는 여전히 기분이 좋았다. 부작용도 없이 약물의 효능이 아주

고무적이었고 조울증도 뚜렷이 개선되었기 때문에, 나는 벌써부터 떠나는 것에 대해서 이야기하고 있었다. 단지 병원을 떠나는 것만이 아니라 이 나라를 떠나는 것에 대해서 말이다. 케타민만 있으면 다시 원래의 프로젝트로 복귀할 수 있을 것 같았다.

"네 번째 투여: 극심한 정신적 고통을 동반한 부작용, 그리고 안락사를 요청." 상황이 악화의 조짐을 보이면 우리는 곤경에 빠졌다.

네 번째 투약이 있기 전날 밤, 나는 환각 증상을 겪었다. 내가 비록 많은 기억을 잃기는 했어도, 나의 불안감이 양극성 장애 가운데에서도 가장 기이한 환각과 함께 시작한다는 점을 아주 잘 기억하고 있었다. 일단 그러한 우울증의 전조 단계에 이르고 나면, 내가 결국 끔찍하고 지옥과도 같은 상태에 빠지는 것을 피할 방법은 없었다. 적어도 내가 틀리지 않았다면 말이다. 반면에 조증 단계는 그것이 조증 단계라는 사실을 자신이 깨닫지 못할 정도로 은밀하게 스며든다. 특히 비교적 가벼운 경조증 상태이고, 굳이 길거리에서 옷을 벗거나 충동적으로 페라리를 구입하지 않는다면 그것을 느끼지 못할 가능성이 더 크다. 그런 상태에서는 자기 스스로에게 멀쩡하다고, 모든 것이 괜찮다고 말한다. 그 정도는 얼마든지 일어날 수 있는 일이다. 그것은 정상이며, 심지어 바람직한 것이기도 하다. 그런 상태가 영원히 지속되지 않는다는 것을 알지만, 그래도 그런 일이 일어나면 우리는 더할 나위 없이 행복하다. 그것이 어쩌면 함정일지도 모른다고 의심하지는 않는다. 그러나 나의 경우에는 그것이 함정이라고 부를 만한 충분한 이유가 있었다. 거대한 타격이 기다리고 있다는 전조였기 때문이다. 이제부터 나를 지배하는 것은 내가 아니라 우울증이라는 신호탄이었던 것이다.

그렇게 아침이 되자 내가 원하는 것은 그저 나를 단 30분 만이라도 천국으로 보내줄 수 있는 케타민이었다. 나는 케타민을 너무나도 간절하게 원했다. 그리고 만약에 나의 심리적인 상태를 솔직하게 고백하면 혹시라도 그걸 놓아주지 않을지도 모른다는 걱정이 들었다. 그래서 질문지를 작성할 때 어젯밤에 잠을 잘 자지 못했으며 뭔가 어두운 생각들이 들었다고 대답했다. 그러나 실제로는 그렇지 않았다. 약물이 투여되기 시작했다. 나는 그 황홀한 용액을 감사하게 받아들였다. 그리고 나서는 상황이 더욱 악화하였다. 나는 죽음을 향해 치닫고 있었다. 확실했다. 나는 진정으로 죽음을 향해 치닫고 있었다. 의사들이 내 침대의 오른쪽에서 조용히 중얼거렸다. 나는 그들이 하는 말을 알아듣지는 못했지만, 나를 중유(中有, 생과 사의 중간)의 단계로 데려다주기 위하여 《티베트 사자의 서(Tibetan Book of the Dead)》를 암송하고 있을 것만 같았다. 위쪽으로 한 줄기의 빛이 보였다. 그곳에 가야만 한다는 생각이 들었다. 나는 그곳으로 가야만 했다. 출구를 놓치면 안 된다. 이러한 중간의 상태에서, 이처럼 형편없는 삶에 머물러 있을 수 없었다. 모든 것이 끝나고, 고통은 영원히 멈춰야만 했다. 나는 몇 번이고 엄청난 노력을 기울여서 "죽고 싶어, 죽고 싶어"라는 말을 되풀이했다. 케타민을 투여하고 있을 때면, 한 단어를 말하는 데에도 엄청난 희생이 뒤따른다. 원래는 두 명이던 의사들이 이제는 나의 병실에 네다섯 명이 들어와 있었다. 병실은 너무나도 작아져 있었다. 너무나도 작아져서 하나의 작은 상자로 오그라들었고, 바닥이 천장에 거의 달라붙을 지경이 되었다. 나는 울기 시작했다. 나는 울고 또 울었다. 나는 죽고 싶다고 말했다. 나를 죽이는 게 그들의 업무가 아닌 것은 알지만, 그래도 어떻게든 죽여 달라고 간청했다. 마침내 나를 죽여 달라는 신음과 간청을 들어준 것인지, 아니면 실패한 것인지, 어쨌든 그들은 나의 정신을 잃게 했다. 그것이 그들의 일이었다. 그것도 아주 빠르게 처리했다. 주사 한 방에 퓨즈가 끊어졌다. 모두가 사라졌다. 그런 다음에는 며칠 동안 백지상태가 이어졌다. 이 문장을 추가하지

않았더라면, 이번 장은 이대로 끝나버렸을 수도 있다. 여기에서 내가
말하는 내용들이 참혹하게 들릴 수도 있지만, 실제로 나의 상태는
참혹했다. 그래도 생트안 정신병원에서 나를 치료했던 의사들이 모두
유능했다는 사실을 분명히 밝히고 싶다. 그렇지만 어디에든 멍청이들은
있는 법이다. 이런 일을 겪고 난 이후에 알게 된 사실이지만, 여동생
나탈리에게 전화를 걸어서 이렇게 물어본 직원이 있었다. "당신 오빠가
안락사를 요청했습니다. 어떻게 할까요?"

©사진: Gavin Oakes/Alamy

잃어버린 것에도 불구하고

나를 치료했던 정신과 의사는 평생 수많은 우울증 환자들을 만나왔다.
그는 자살의 위험성이 어느 정도인지를 평가하는 방법도 알고
있었는데, 나의 경우에는 그 위험성이 매우 높다고 생각했다. 그리고
나 스스로도 이 글을 다시 읽으면서 나의 의료기록에 언급되어 있는
"견딜 수 없는 정신적 고통"을 제대로 전달할 만한 표현을 찾을 수
없다는 사실을 깨달았다. 만약 내가 적절한 표현을 찾을 수 없다면
그 이유는 지금의 내가 그때와는 지나치게 멀리 동떨어져 있어서 그
상황을 기억하거나 묘사하는 것이 불가능하기 때문일 것이다. 아니면
당시에 내가 사로잡혀 있던 공포에 적절한 이름을 붙일 수 없기

때문일 수도 있다. 무엇보다도 그것을 말로 설명할 수 없기 때문이 아닐까 하는 생각이 든다. 지금 내가 이야기하는 내용들이 끔찍하게 들릴 수도 있지만, 실제로는 상상 이상으로 훨씬 더 끔찍했다. 말로 할 수 없고, 형언할 수도 없으며, 적절한 표현도 존재하지 않는다. 그 공포를 설명해 낼 수 있는 단어는 존재하지 않지만 그게 중요한 것이 아니다. 차라리 기억하지 않는 게 나을 정도로 끔찍한 공포라는 점이 중요하다. 지금 당장 그 상태에 빠져있는 것이 아니라면 도무지 기억할 수 없을, 그런 정도의 공포인 것이다. 신이여, 감사합니다! 만약에 전기경련요법(ECT)이 없었다면 내가 거기에서 빠져나올 수 있었을까? 내가 과연 잘 해낼 수 있었을까? 잘 모르겠다. 앞으로도 절대 알 수 없을 것이다. 그렇지만 한 가지 분명한 것은, 어쩌면 ECT가 내 생명을 살렸을 수도 있다는 것이다. 아무튼 무엇이 되었든 간에, 나의 상황이 극적으로 개선되었던 것은 아니다. 치료 기간 내내 작성된 나의 진료기록에는 "조울증의 개선은 있지만 활력의 뚜렷한 회복은 없는 비선형적 발전", "불안감 및 부정적 생각이 들며 조울증 현저히 악화", "기억력 문제 증가" 등의 내용이 적혀 있었다.

　　나의 경험에서 이러한 기억력 저하는 ECT 치료에서 나타나는 가장 중대하면서도 가장 심각한 부작용이다. 환자들은 이러한 부작용이 일시적이고 기껏해야 치료 기간 동안에만 나타날 것이며, 나중에는 기억력이 되살아날 거라는 말을 듣게 된다. 그러나 그것은 사실이 아니다. 나는 지금 3년이 지나서 이 글을 쓰고 있는데, 나의 기억은 여전히 폐허의 들판이다.

　　가끔은 바로 전날에 친구와 대화를 나누면서 내가 이야기했던 말을 기억하지 못하거나, 또는 그 전날에 우리가 대화를 나누었다는 사실조차 기억하지 못하는 경우도 종종 일어난다. 나는 내가 사랑하는 사람들이 혹시라도 내가 그들에게 소홀하거나 관심이 없다고 생각할까

봐 끊임없이 걱정이 된다. 아니면 내가 알츠하이머 초기 증상이라고
의심할까 봐 우려도 된다. 그런데 그럴 가능성은 별로 없다. 왜냐하면
알츠하이머에 걸릴 가능성은 양극성 장애가 있는 사람들보다 일반인들
사이에서 훨씬 더 높기 때문이다. 그렇지만 여기에도 한 줄기의 희망이
존재한다. 기억력 손실을 전기경련요법의 부수적인 피해라고 한다면,
거기에는 전혀 예상하지 못했던 부수적인 이점도 있었기 때문이다.

하루는 친구인 올리비에 루빈스타인(Olivier Rubinstein)이
생트안 정신병원으로 병문안을 왔고, 우리는 구내식당에서 함께
핫초코를 마셨다. 그 자리에서 나는 그에게 이러한 기억력 문제에
대해 불평했다. 그러자 그가 이렇게 말했다. "시를 암기해 봐, 그러면
녹슬어 있는 자네의 기억력 세포들을 깨끗이 씻어줄 거야." 그래서
비록 끔찍할 정도로 힘들었던 시기였지만, 시를 외우는 일은 삶을 좀
더 감내할 수 있게 해주었다.

©사진: Marcelo Leal

한 줌의 소금이 부족해서

나는 4월 말에 생트안 정신병원에서 퇴원했다. 나의 치료기록은 이런
문장으로 끝을 맺고 있었다. "일시적인 회복세는 좋지만, 증세가
빈번하게 재발함." 그런데 사실 나는 최소한 3개월 동안은 예전보다

훨씬 더 괜찮았다. 약물이 효과가 있는 것 같았다.

리튬은 주기율표상에서 알칼리 금속의 원소인데, 이것을 리튬염(lithium salt) 형태로 투여하면 기분장애 치료에 놀라울 정도로 효과적이라는 사실이 이미 1970년대부터 입증되어 있었다. 요즘 나는 이걸 매일 투약하고 있는데, 이걸 맞고 나면 나는 미국의 시인 로버트 로웰(Robert Lowell)이 썼던 우울증에 대한 성찰이 떠오른다. 그는 가장 극심한 유형의 조울증으로 고통을 받았는데, 그러다 결국 리튬염 치료를 받고 나서는 다음과 같은 글을 썼다.

"내가 고통스러워했던 모든 것들이, 내가 초래했던 모든 고통들이 그저 나의 두뇌에 한 줌의 소금이 부족해서 생겨났을 수도 있다고 생각하면 참담할 따름이다. 그리고 만약에 그런 소금의 효능을 좀 더 일찍 알았더라면, 그것을 좀 더 일찍 맞았더라면, 나는 기나긴 악몽을 꾸는 것이 아니라, 오히려 행복했거나 적어도 평범한 삶을 살았을지도 모른다."

나는 그처럼 급진적으로 말하지는 않을 것이다. 왜냐하면 나도 가끔씩 그랬기는 하지만, 나의 삶이 기나긴 악몽은 아니었기 때문이다. 그럼에도 나 역시 리튬의 약효에 잘 반응하는 양극성 환자 그룹에 속하는 것은 사실이다. 리튬은 나의 조증을 덜 하게 만들고, 우울증도 덜하게 만든다. 그리고 생트안 정신병원에 다시 입원하는 것이 너무나도 두렵기 때문에, 남은 평생 순순히 리튬을 맞을 준비가 되어 있다. ☻

이 글은 에마뉘엘 카레르의 《요가(Yoga)》의 내용을 발췌한 것이다.

시끌북적 사무실

(1) 정원진 에디터 : 여름은 더운데, 여름은 추워요. 이것은 unreal···!

(2) 김혜림 에디터 : 나무늘보의 털에는 녹조류가 자라 많은 생명체가 함께 살 수 있대요.

(3) 조영난 오퍼레이팅 매니저 : 사무실의 온도는 몇 도일까요? 인스타 댓글로 정답 받아요!

(4) 이현구 선임 에디터 : 요새 운동량을 늘렸어요. 추우면 근손실 나거든요. 같이 운동하실?

(5) 이다혜 에디터 : 저는 뒷목부터 살이 찌는 요상한 체질이랍니다. 만져보시겠어요?

(6) 김지연 리드 디자이너 : 이번 만화는 고민 많이 했어요. 모두 실화 바탕입니다.

(7) 이연대 CEO : 여름휴가 계획 세우셨나요? 올핸 우리 모두 떠납시다.

(8) 신아람 디렉터 : S=1/2ab=1/2accosA

(9) 권순문 디자이너 : 너무 덥지 않나요? 맥주 한 잔 마시고 시작하죠~

(10) 홍성주 커뮤니티 매니저 : 전 선인장이지만 이번 여름은 비가 충분히 왔으면 좋겠어요.

먹짱

저는 매일 먹고 있어서
별명이 '영난님 또 먹어'예요...

이러다 푸드파이터가 될 것 같아요...

그치만 배고픈걸...

우물 우물

어라 혜림님 뭐 드세요?

친환경
옥수수
완충재요.

? ? ?

와사삭!

인형도
만들 수 있어요♡

★독자 여러분은 따라 하지 마세요~

광고판 무료 임대합니다.

세상에는 책이 정말 많군...
내가 알고싶은 걸 찾을 수 있을까?

아니, 뭘 알면 좋을지도 모르겠어.
세상은 너무 혼란스러워~

와삭 와삭

북저널리즘을 이용해봐!

꼭 알아야 하는 양질의 콘텐츠,
북저널리즘 멤버십 구독만 하면
모두 내 거라구!

관이

부족해요

작아지면
돼
요

이제 힘들게 책 고르지 않아도 되겠어요~

하하!! 호호!!

광고 제안 ↓   무료

thread@bookjournalism.com

THREAD

너! 동료가 되어라!

읽으면 똑똑해지는 종이 뉴스 잡지를 동료와 함께 읽어 보세요.
기업, 학교, 팀 단위로 단체 구매를 하면 최대 **67%** 할인 혜택을 드려요.

지식과 경험의 축적이 새로운 관점과 만날 때 혁신이 일어납니다. 동료들과 같은 책을 읽고
대화를 나누면서 업무에 곧바로 적용할 만한 아이디어가 떠오르기도 하고, 잘 모르던 분야의
뉴스를 읽다가 오래 고민하던 문제의 해법을 발견하기도 합니다. 좋은 지식 콘텐츠는 개인의
성장과 팀의 문제 해결을 돕습니다. 깊이와 시의성을 두루 갖춘 지식정보 콘텐츠로 팀의 업무
역량을 키우고 성과를 향상시켜 보세요.

《스레드》 구독 문의 👍 thread@bookjournalism.com